Service d'information du Gouvernement

La crise en 100 mots

Corinne Dubos
et **Arnaud Dupui-Castérès**
Vae Solis Corporate

La Docum... ...ion française

Conception graphique et réalisation
La Documentation française

ISBN : 978-2-11-006540-7

AVANT-PROPOS

Derrière les mots, se cachent des principes, des règles d'or, des histoires, des contre-exemples, des mutations. Cet ouvrage, construit comme un abécédaire, ambitionne de livrer une vision de la gestion et de la communication de crise à la croisée des chemins entre l'approche théorique, le retour d'expérience et l'analyse de l'actualité.

Pour que les mots ne se transforment pas en « maux », il faut que chaque terme utilisé soit choisi avec précision. Bien que souvent sous-estimés, les mots ne sont pas neutres. Porteurs de sens, ils sont liés à un contexte, à une histoire.

On peut même aller jusqu'à dire que le lexique employé durant une crise est aussi important que les actions menées. Parler d'incident ou d'accident en matière de nucléaire, par exemple, n'a évidemment pas les mêmes conséquences pour le public et la perception qu'il a de la situation. Chaque mot doit être pesé car chaque mot a son importance.

Sociologiquement, les mots sont le reflet d'une certaine vision de la société, de ses valeurs. Les termes comme « risques », « alertes », « transparence » sont par exemple aujourd'hui abondamment utilisés. Ne parle-t-on pas de « société du risque », d'une « information transparente », etc. ? D'autres termes apparaissent comme « médiaricature » et certains n'ont plus la même connotation que par le passé. Bref, les mots évoluent et avec eux la société.

Décortiqués, analysés, les 100 et quelques mots de la crise de cet ouvrage donnent un premier panorama du vocabulaire des crises. Enrichi par les différentes expériences de crises passées, cet abécédaire permettra au lecteur de prendre connaissance des événements qui se sont transformés en crise, d'en comprendre les raisons ou, au contraire, de ceux qui se sont résolus d'eux-même.

Vincent de Bernardi,
Directeur du Service d'information du Gouvernement

La crise en 100 mots

La crise serait paradoxalement devenue permanente. Oxymore, abus de langage ou possible confusion des vocables (risque *vs* crise)? Il n'en reste pas moins que notre perception d'une accélération des crises est réelle : comme s'il y en avait de plus en plus, les crises se succédant les unes aux autres, de la grippe aviaire au chikungunya, de l'embrasement des banlieues au *Clemenceau*... Leur médiatisation n'y est sûrement pas étrangère.

La crise n'a plus besoin d'avoir un impact immédiat, direct, tangible pour exister médiatiquement et causer des dégâts économiques parfois considérables. C'est la raison qui explique qu'un accident suivi de mort d'homme n'est que rarement un événement suffisant pour provoquer une crise, alors même qu'une menace diffuse et incertaine peut générer une véritable psychose dans l'opinion publique, elle-même créatrice de comportements nouveaux entraînant des crises bien réelles.

Ainsi donc paradoxalement, la crise (originellement, un événement soudain et ponctuel) tendrait à devenir, sinon permanente, au moins durable. La majorité des crises ne peut plus être aujourd'hui considérée comme une situation inattendue, imprévisible (le développement de la prévention des risques, l'identification des mécanismes déclencheurs et la mise en place de systèmes de veille permettant de «voir venir» les signes avant-coureurs et donc d'anticiper) ; elles n'en demeurent pas moins toujours déstabilisantes, fragilisantes pour tous ceux qu'elles touchent : institutions, administrations, entreprises...

Tout fonctionne comme si d'un risque mal connu, nouveau, naissait une crise, qui elle-même, avec le temps, engendrait un risque alors connu, couvert, intégré et assumé ! Qui aujourd'hui considère que le paludisme est une « crise » ? Qui peut contester pourtant qu'il cause tristement dans le monde plusieurs millions de morts chaque année ? Le paludisme nous empêche-t-il de voyager vers des destinations tropicales ? Comparez avec le chikungunya, la grippe aviaire... Il y a donc les risques que l'on connaît, que l'on a intégrés et que l'on assume... et puis il y a tous les autres, les nouveaux, les mal connus, les imprévus qui font la part belle à l'émotion, à la psychose, à la colère... à l'irrationnel. Cela constitue l'une des principales difficultés de la communication de crise.

Toutes les organisations ont été, sont ou seront confrontées à la gestion d'une crise, plus ou moins importante, plus ou moins grave. Il peut s'agir de toutes formes d'organisations : entreprises privées ou publiques, établissements, associations, fédérations, administrations, gouvernements, collectivités. Les principales règles sont identiques, même si parfois les contraintes (réglementaires, législatives, perception de l'opinion...) diffèrent. Par souci de simplifications nous retiendrons le mot « organisation » pour désigner toute structure susceptible d'être concernée par une crise.

Cet ouvrage ne prétend ni à être exhaustif ni à théoriser. Il est, tout au contraire, la synthèse de sept années d'expérience de la gestion de crise. Notre rôle de conseil, au sein du cabinet de conseil Vae Solis Corporate, au confluent des acteurs politiques, médiatiques, économiques et de l'opinion publique, nous donne une place d'observateurs et d'acteurs privilégiés. Sans vouloir produire un énième ouvrage formalisant les *process* et autres théories de la communication de crise, il nous a semblé intéressant de pouvoir livrer une vision pratique et empirique de la gestion de crise, à la croisée des chemins entre le retour d'expérience et la prise en compte de nouveaux enjeux. Au travers de 100 et quelques mots, il propose aux responsables publics et privés des concepts pour mieux analyser, des exemples pour mieux comprendre et des méthodes pour mieux pratiquer.

Corinne Dubos et Arnaud Dupui-Castérès
Vae Solis Corporate

a

Accidents

C'est le premier risque* qui vient à l'esprit. D'abord parce qu'il est inhérent à toute activité humaine, ensuite parce qu'il est de ce fait intégré à l'origine par les entreprises et les organisations, enfin parce qu'il est le plus répandu. À ce titre, il est aussi le risque le mieux encadré. Des réglementations nationales, des procédures qualité internes visent à en réduire la probabilité d'occurrence. Il est de fait le risque le mieux couvert, notamment au plan assurantiel.

Avarie, incident, accident... Le vocabulaire est riche pour exprimer la survenance d'un dysfonctionnement dans l'activité normale. Derrière le choix des mots, il y a la gradation sémantique de la crise et la tonalité que l'on donne à l'événement. En la circonstance le choix du vocable est loin d'être anodin dans l'annonce qu'en fait l'entreprise ou l'organisation. En fonction de son ampleur et de ses impacts * il conditionne la perception de la situation par les différents publics.

Dramatique quand il entraîne la mort, l'accident est paradoxalement l'un des risques le mieux «toléré»/ «accepté», dès lors que l'entreprise est capable de témoigner de son implication totale dans sa gestion et de son empathie* pour les conséquences de l'accident. Ce fut notamment le cas d'Aéroports de Paris après l'effondrement de son terminal 2E survenu le 23 mai 2004. Un exemple de bonne gestion de crise, où malgré le drame humain et l'effondrement d'un bâtiment que l'entreprise avait fraîchement et fièrement inauguré, elle a su faire face sans entamer son capital confiance. L'une des clés de cette «réussite» en gestion et communication de crise : le président de l'entreprise. Immédiatement présent sur le terrain, il donne tout de suite le ton : «*Nous ne prendrons aucun risque avec la sécurité. S'il le faut, nous raserons la voûte et nous reconstruirons.*» Avec cette déclaration, Pierre Graff, président directeur général d'Aéroports de Paris, affiche une qualité essentielle : une posture à la mesure du drame.

Tout en rassurant sur la continuité du service et le maintien des vols, l'entreprise met immédiatement en place un dispositif d'information régulier à l'attention de ses différents publics. En témoignant d'abord de son empathie à l'égard des familles des victimes (notamment en organisant une cérémonie du souvenir sur le tarmac), en mobilisant l'interne*, en jouant la transparence* vis-à-vis des médias par la tenue de points presse, en faisant en permanence valoir sa détermination à prendre les mesures qui s'imposent, quel qu'en soit le prix... Alors que l'enquête judiciaire se poursuit, Aéroports de Paris annonce qu'elle choisit de reconstruire la toiture de la jetée

* Les termes suivis d'un astérisque font l'objet d'une entrée ou d'un encadré dans le présent abécédaire.

d'embarquement du terminal 2E sur toute sa longueur, plutôt que de procéder à une simple consolidation. Et Pierre Graff de préciser que cette option est la plus coûteuse et la plus longue, mais qu'« *un seul et unique critère a joué : la sécurité des personnels et des passagers* ». Deux ans après la catastrophe, la réputation* et l'image de l'entreprise n'en sont pas affectées.

Alerte

L'alerte est essentielle en cas de crise. Son bon fonctionnement conditionne la rapidité de mobilisation*. Or on le sait, les premières minutes, les premières heures sont souvent cruciales et les premières décisions conditionnent la manière dont la gestion de la crise va être conduite. Alerter donc, mais sans tomber dans l'alarmisme, sans céder à la panique. À l'image des PC sécurité qui s'illuminent de voyants rouges sur les écrans de contrôle lorsqu'un équipement dysfonctionne, il s'agit pour tous les autres risques, parce que immatériels moins évidents, moins immédiats, de disposer de signaux d'alarme.

Mettre en place des systèmes de veille* (médiatique, réglementaire, concurrentiel…), suivre les sujets ou situations identifiés comme sensibles, informer l'interne* à la détection de situations crisogènes, possiblement dégénératives… autant de dispositifs qui optimisent la détection, donc l'alerte. Il s'agit de définir, en amont, des mécanismes internes et externes permettant de structurer la remontée d'informations : identifier des « référents crise » capables d'apprécier une situation et de convoquer la cellule* de crise, mettre en place une astreinte, diffuser une fiche des contacts clés avec l'ensemble des coordonnées des personnes référentes (dans un format qui permet de l'avoir toujours sur soi!)... autant de consignes qui doivent être définies, diffusées et testées en amont pour permettre de s'y référer le moment venu. Le respect de ces règles élémentaires évite, limite la désorganisation et la perte de temps lorsqu'une crise est identifiée, en permettant alors la plus grande rigueur et la plus grande réactivité.

Alerte et information des populations : le RNA

Mal connu de l'opinion, ce système d'alerte aux populations est pourtant essentiel. Il vise à prévenir le grand public de l'arrivée d'un danger afin que celui-ci puisse s'en protéger. En métropole, l'alerte aux populations se fait *via* le réseau national d'alerte (RNA) et ses 4300 sirènes réparties sur le territoire. Ces sirènes permettent, de jour comme de nuit, d'attirer rapidement l'attention des populations pour qu'elles prennent des mesures de sauvegarde appropriées. Elles sont utilisées en cas de danger immédiat tel qu'un nuage toxique, un accident dans une usine chimique, un accident nucléaire, etc. Lorsque le signal retentit, les personnes sont invitées à se mettre à l'abri dans l'endroit clos le plus proche en colmatant les ouvertures, en s'abstenant de téléphoner, et à écouter Radio France, en particulier le réseau des stations locales France Bleu. Le début de l'alerte se caractérise par trois séquences d'une minute et sa fin par un signal unique continu de 30 secondes. Ces signaux ont été définis par le décret n° 90-394 du 11 mai 1990 relatif au code d'alerte national. Pour vérifier le bon fonctionnement des sirènes, il est procédé le premier mercredi de chaque mois à des essais qui se caractérisent par un signal modulé d'une minute.

Amiante

La crise recouvre des natures différentes. Souvent, elle est associée à l'idée de soudaineté, définie comme un événement imprévu venant perturber une situation donnée dite normale. La crise de l'amiante est tout autre, un parfait contre-exemple. C'est une crise dite latente. Paradoxalement donc, la crise peut être de longue durée, avec une première phase sous-jacente et une seconde de révélation, d'explosion... Longtemps limité à la sphère professionnelle, le « scandale de l'amiante » investit la sphère publique vingt ans après les premières dénonciations. Cette crise n'a donc rien de soudain Elle est la résultante d'un long processus de non-maîtrise d'un risque, d'une mauvaise connaissance de ses impacts* dans un premier temps, puis d'une mauvaise appréciation des autorités* qui tardent à le prendre en compte et à imposer les mesures nécessaires dans un second.

Le scandale apparaît en France en 1975, par la mobilisation de chercheurs-enseignants à l'université de Jussieu qui découvrent que leur bâtiment est isolé à l'amiante, dont on connaît les risques pour la santé humaine depuis le début du siècle. La fibrose pulmonaire liée à l'exposition à l'amiante est d'ailleurs reconnue maladie professionnelle en France dès 1945. Il faudra pourtant attendre 1994 et le décès de six enseignants d'un même établissement scolaire pour relancer la polémique, la sortie deux ans plus tard d'un rapport alarmiste de l'Inserm pour que les médias s'emparent enfin du scandale, le faisant alors passer d'une problématique professionnelle à une question de santé publique... C'est finalement en 1997 qu'interviennent des mesures radicales d'interdiction de toute fabrication, importation ou commercialisation de l'amiante en France. En 2004, le Conseil d'État confirme enfin la faute de l'État* dans la gestion du risque «amiante». Depuis son explosion médiatique en 1996, les jugements se multiplient et les condamnations se succèdent : 300 jugements rendus en 2002 et plus de 1 500 affaires traitées chaque année. Elles aboutissent dans une forte majorité à la condamnation pour «faute inexcusable» de l'employeur. Après de nombreuses condamnations au civil, un premier industriel est condamné au pénal en 2006. Côté «politique» on se mobilise enfin : en février 2006, les députés de la Mission d'information sur les risques et les conséquences de l'exposition à l'amiante dénonçaient un «crime social». Ils rendaient un rapport proposant notamment cinquante mesures pour enrayer la catastrophe sanitaire.

Anticipation

On aurait pu choisir «préparation» et énoncer l'évidence : se préparer pour mieux gérer. Sauf que l'anticipation intègre, en plus de la dimension pragmatique de la préparation proprement dite, la volonté politique, stratégique, d'accepter l'introspection et la projection avec tout ce que cela comporte de possible remise en cause de ses certitudes et de capacité à «se faire peur» en imaginant les pires scénarios. Imaginer et concevoir que le pire puisse survenir n'est ni agréable ni facile pour une organisation. La capacité d'anticipation n'est donc pas si évidente. Accepter de mettre le doigt sur ses failles, ses limites, intégrer à son fonctionnement même le fait de se savoir vulnérable, c'est pourtant faire preuve de responsabilité* et avoir conscience de l'effet dévastateur d'une crise. C'est faire le choix de protéger, au mieux, son capital humain, matériel, immatériel… c'est finalement avoir conscience de la valeur de son organisation quelle qu'elle soit.

Anticiper en communication de crise nécessite un travail important, qu'on préfère parfois à tort reporter à plus tard. Pourtant, ce n'est pas une contrainte de plus, mais un investissement pour protéger son organisation, sa réputation* et sa marque*. Il s'agit de commencer par faire le diagnostic de ses risques* possibles, probables : identifier ses sources de vulnérabilité* et leur plan de couverture tant au niveau technique/opérationnel qu'au niveau stratégique. C'est, ensuite, se projeter pour envisager les conditions susceptibles d'engendrer de nouveaux risques. C'est finalement investir, accepter de se donner le temps et des moyens pour former ses équipes, se doter d'outils adéquats, définir ses procédures… C'est investir pour un bénéfice qui équivaudra finalement à réduire les occurrences des crises et à limiter les pertes quand on ne peut pas les empêcher. L'anticipation est donc avant tout une posture managériale, une décision politique. La préparation en est la concrétisation opérationnelle.

Argumentaire ▸ *voir* Questions/Réponses

Arthur Andersen

Arthur Andersen a connu une crise qui, en dépit d'avoir été fatale pour l'entreprise, est particulièrement intéressante et riche d'enseignements. Nous la considérons comme la première crise de la nouvelle génération.

Fondée en 1913, Andersen est démantelée en 2002 après le scandale Enron. En 2001, Arthur Andersen était une société basée à Chicago et spécialisée dans l'audit, les services fiscaux et juridiques, le *corporate* finance et le conseil. Un grand cabinet de conseil mondial avec 85000 salariés pour un chiffre d'affaires de 9,3 milliards d'euros. Arthur Andersen appartenait aux *«Big Five»* avec Deloitte, Ernst & Young, KPMG, Pricewaterhouse-Coopers. Il reste aujourd'hui une petite structure à Chicago chargée de régler les conflits juridiques relatifs à sa propre liquidation.

Comme d'autres auditeurs de grande réputation, le cabinet a connu quelques troubles au cours des années 1980 et 1990 nécessitant de faire des arbitrages entre le commerce de services et la neutralité du commissaire aux comptes. Andersen n'était pas épargné par la difficulté à trouver un équilibre entre croissance des profits et rigueur professionnelle. Il fut d'ailleurs impliqué dans des affaires de fraudes comptables dont les responsables ont su contenir les impacts.

Ces quelques difficultés mineures n'ont pas sensibilisé les dirigeants de la société sur la notion de crise, qui est étrangère aux entreprises de services. Celles-ci n'ont pas d'activité dangereuse, pas de site industriel ; elles sont finalement peu exposées aux risques de la nomenclature classique.

Pourtant comme toutes les entreprises, Arthur Andersen avait un actif plus important que les autres, constitué de sa marque* et de sa réputation*. Cela est d'autant plus vrai que, d'une part, la réputation de l'auditeur est sa «signature» (des comptes) et, d'autre part, le cabinet s'était choisi comme slogan : *«Think straight, talk straight»* («Penser droit, parler droit»).

Or, le déclenchement de l'affaire Enron, dont le bureau d'Arthur Andersen au Texas certifie les comptes, va entraîner le cabinet d'audit comptable dans une crise qui lui sera fatale. L'accusation porte atteinte à la marque et à la réputation, ce qui est alors le plus grave.

La crise aurait pu trouver une autre issue. En effet, au moment où celle-ci se déclenche la responsabilité d'Arthur Andersen est certes très engagée et ne fait de doutes pour aucun des acteurs concernés, même si elle n'est pas encore «validée» par une enquête approfondie et par un jugement. Les responsables de l'entreprise s'attachent à gérer cette crise sans en cerner tous les impacts* possibles. La faute a été commise par le bureau d'Arthur Andersen à Houston, un parmi les 390 bureaux implantés dans 94 pays. Ils ont pensé pouvoir contenir les effets de la crise, sans avoir à prendre de mesure radicale. Or, pour éviter de gangrener l'ensemble du réseau, il aurait fallu que la réaction soit forte et immédiate.

La crise Enron et les fautes du bureau de Houston d'Arthur Andersen provoquent la disparition de toute l'entreprise Arthur Andersen parce que sa réputation et sa marque sont irrémédiablement atteintes par l'affaire. C'est une crise symptomatique des risques nouveaux qui pèsent sur les organisations.

Autorités

Acteur central, majeur, de toute crise... autorités sanitaires, politiques, financières ou judiciaires... elles ne font pourtant aujourd'hui plus guère autorité ! Contestées, malmenées par des années de scandales (sang contaminé), d'erreurs d'appréciation (amiante*), de dysfonctionnements malheureux (canicule*) ou de mensonges flagrants (Tchernobyl), leurs errements ont largement entamé la confiance des Français. En témoignent les études d'opinion où les autorités recueillent de faibles scores de confiance. Il n'y a guère que la communauté scientifique qui tire encore son épingle du jeu : l'opinion accorde prioritairement sa confiance aux scientifiques, experts* et chercheurs... Comment faire, donc, pour gérer une crise lorsque la défiance est telle ? Comment expliquer, se justifier lorsque *a priori* on ne vous croit plus ou si peu ?

Du temps, de la pédagogie et des preuves doivent permettre de reconquérir un citoyen, un client, un administré sceptique. On l'a vu avec la grippe* aviaire. Il y a eu alerte*, préparation, sensibilisation, pédagogie. Les autorités internationales et nationales se sont mobilisées. Résultats : les Français interrogés sur la confiance dans la préparation du Gouvernement* pour faire face au risque de la grippe aviaire le crédite d'un bon score (73 % déclarent que le Gouvernement a fait le nécessaire pour réduire les risques d'apparition de la grippe aviaire en France[1]). Les autorités jouent évidemment un rôle majeur dans la prévention des risques et la gestion des crises. Et qui dit préparation dit sensibilisation, information. La grippe aviaire constitue en cela une première. L'information sur les risques et la crise est aujourd'hui intégrée par les autorités.

Quelle que soit la nature de la crise, les autorités sont incontournables. Au-delà des risques majeurs menaçant la sécurité* du territoire et de la population, elles sont au cœur des crises des organisa-

1. Étude OpinionWay pour l'Observatoire* des risques sanitaires de décembre 2006 : étude quantitative réalisée en ligne du 28 novembre au 4 décembre 2006 auprès d'un échantillon de 1 023 personnes, représentatif de la population française âgée de quinze ans et plus en termes de sexe, âge, catégorie socioprofessionnelle et catégorie d'agglomération.

tions par leur pouvoir de contrôle, d'injonction, de sanction. Du côté des organisations, l'enjeu d'une bonne préparation à la gestion et à la communication de crise est donc de bien connaître les autorités qui régissent leurs activités. Connaître leurs rouages, leur fonctionnement, leurs décisionnaires... autant de temps gagné lorsque survient la crise et que nécessairement la coopération public/privé s'impose.

Autruche (politique de l')

Position consistant à baisser la tête jusqu'au ras du sol en cas de danger, afin d'éviter de s'y confronter. Inconfortable et dangereuse, la posture qui consiste à refuser de prendre en compte la réalité dès lors qu'elle représente une menace est évidemment contraire au principe même de la gestion de crise. Une attitude qui constitue d'ailleurs un facteur aggravant de la crise. En déniant sa responsabilité*, « l'organisation autruche » s'expose à un double risque : à court terme, celui d'être dépossédée de la gestion même de la crise en subissant les injonctions d'un tiers, à moyen et long termes, celui d'être durablement sanctionnée (atteinte à la réputation*, mise en cause juridique...) pour irresponsabilité.

AZF : contexte traumatique post-11 septembre

AZote Fertilisants, tristement célèbre sous l'acronyme AZF, est aujourd'hui disparue. Cette usine chimique alors filiale d'Atofina regroupait les activités chimiques du groupe TotalFinaElf. Le 21 septembre 2001, à 10 h 18, explosent quelque 40 tonnes d'un stock de nitrate d'ammonium, creusant un cratère de près de 30 mètres de diamètre et d'une dizaine de mètres de profondeur. L'explosion fait 30 morts, 2500 blessés graves, 8000 blessés légers et entraîne de nombreuses destructions (logements, entreprises et équipements publics...) au sud-ouest de la ville de Toulouse. Dix jours précisément après les attentats de New York, la signature terroriste plane immédiatement sur l'événement, la France (décideurs et opinion publique) est sous le choc.

Très vite, la thèse de l'attentat est écartée. Trois jours après l'explosion, le procureur de la République M. Bréard déclare qu'il s'agit «à 99%» d'un accident. Pourtant, cinq ans après, malgré les enquêtes et les différentes hypothèses examinées, les responsabilités n'ont toujours pas pu être établies et aucune explication convaincante n'a encore été apportée. Toutefois, aucune revendication sérieuse n'a conduit à réexaminer la thèse de l'attentat.

Dans un contexte post-traumatique 11 septembre, l'événement a laissé des séquelles importantes : au-delà du bilan humain et matériel, le traumatisme subi par la population est réel et tenace, à tel point que la combinaison de lettres AZF a été supprimée pour l'immatriculation des véhicules du département!

Banlieues : l'embrasement

«Bagdad ou Aubervilliers ?», titrait la presse sur une photo de l'une de nos banlieues en feu à la fin de l'année 2005. Des violences urbaines, initiées à Clichy-sous-Bois le 27 octobre, se propagent dans nombre de «cités» françaises. Pendant près de trois semaines, forces de l'ordre et «jeunes» s'affrontent : les gaz lacrymogènes font face aux incendies et jets de pierre. À l'origine de ces affrontements, le décès de deux adolescents morts d'électrocution dans l'enceinte d'un transformateur électrique où ils s'étaient réfugiés alors qu'ils tentaient d'échapper à la police. Très vite, les émeutes se multiplient partout en France et révèlent une crise sociale d'ampleur ; l'état d'urgence* est déclaré le 8 novembre. Le traitement médiatique des événements sera révélateur d'une forme de distorsion. Ces émeutes, si elles ont exprimé un malaise profond, n'en sont pas moins restées géographiquement localisées. Et pourtant, vu de l'étranger notamment, on mesure une fois de plus la force de l'image* et la puissance de la distorsion médiatique : le traitement médiatique des émeutes donne de la France une image à feu et à sang, à tel point que certains pays appellent même leurs ressortissants à ne pas se rendre en France ou relaient des consignes d'extrême prudence! La distance contribue à la dramatisation...

Enfin, on a pu craindre que les médias aient été un «facteur accélérateur» dans la crise, en ayant encouragé une forme de surenchère. En donnant quotidiennement le nombre de voitures brûlées ici et là, à Strasbourg ou Saint-Ouen, progressivement s'installe une forme de concours national, un «top 10 des banlieues les plus chaudes»! Conscients de ce phénomène, les médias feront finalement le choix de taire les chiffres, pour ne pas alimenter la concurrence sordide qui s'installe.

Bâton (retour de)

La crise est d'origine variée. Issue de facteurs endogènes, exogènes, elle peut aussi survenir sous l'impulsion d'un fait, d'une décision malheureuse qui n'aurait pas dû être prise. Ici le risque peut difficilement être anticipé et évité, dans la mesure où il résulte d'une erreur de l'organisation elle-même. Rien n'est à l'origine de la crise, sinon une erreur d'appréciation, un manque de sensibilité à la communication et à ses impacts* symboliques. La communication, l'information sont des sources potentielles de crise souvent sous-estimées. La conjonction d'annonces *a priori* «anodines» (bien que l'annonce d'un plan social ne le soit jamais) peut plonger une entreprise, un organisme, dans une crise d'opinion*.

Ainsi lorsque qu'en octobre 1999 Michelin annonce simultanément un plan social de licenciement de 7000 salariés et des bénéfices records... elle autogénère la crise et en paie le prix : son indice d'image chute de 24 points ! Manque de bon sens*, cynisme, absence de sens « politique », Michelin se retrouve immédiatement sous le feu des critiques et la pression de mouvements* sociaux. Une annonce, une information doit toujours être pesée, mesurée, évaluée dans le contexte interne et externe dans lequel elle s'inscrit. La perception des messages dans l'opinion (qu'il s'agisse d'une opinion interne, externe, ciblée ou plus large) doit être envisagée pour juger de leur opportunité. L'incohérence, la contradiction sont immédiatement sanctionnées.

Blog

Dernier-né de la libre expression sur le Net, le blog est un site Web personnel. La publication d'un blog est facilitée par l'assistance de logiciels accessibles à tous, y compris les enfants ou les non-initiés.

On a vu naître, se propager, des crises sur Internet*. Média « chaud » et démocratique (tout le monde peut s'exprimer et tout le monde peut consulter) par excellence, sa force de frappe est impressionnante. Le blog trouve naturellement et rapidement une place de choix au cœur de la communication de crise. Campagne de dénigrement, tribune de dénonciation ou de contre-expression, journal de bord et d'information sur la gestion, la fonction du blog dans la crise est déterminée par son émetteur et la nature de « l'information » qu'il y fait figurer. Tantôt facteur déclencheur*, tantôt outil de gestion, le blog devient une « arme » majeure qu'il convient aujourd'hui de maîtriser.

L'un des premiers blogs à avoir défrayé la chronique est celui d'un habitant de Puteaux, opposant à la municipalité, qui s'est offert une tribune citoyenne. MonPuteaux. com fait figure d'exemple et a reçu de nombreuses distinctions, notamment pour saluer la défense de la liberté d'expression. En effet, le blog dérange et embarrasse notamment l'équipe municipale. Ce blog citoyen, décrivant l'actualité de la ville, retranscrivant les conseils municipaux, prenant position, faisant opposition, a ouvert une nouvelle forme d'expression libre et personnelle. L'auteur y dénonce ses démêlés avec les responsables de sa ville ; il y relate notamment les pressions et les représailles qu'il subit. La tension est telle que la municipalité a engagé une action en justice, ce qui lui vaudra d'assurer une couverture médiatique nationale à l'affaire. D'ores et déjà condamnée pour diffamation, la maire UMP de Puteaux ne sortira probablement pas gagnante : l'affaire a boosté l'audience de MonPuteaux. com, dépassant les 100000 pages vues ! Les démarches similaires sont nombreuses, aux États-Unis notamment, impactant des collectivités mais aussi des entreprises, des produits... Les organisations, municipalités ou entreprises, vont devoir apprendre à gérer, à faire avec cette nouvelle forme de contre-pouvoir.

Si le blog a d'abord servi l'expression citoyenne, il devient aujourd'hui un outil intégré par les organisations et les entreprises dans leur dispositif d'information. Ce fut notamment le cas de Michel-Édouard Leclerc. Confronté à une intoxication entraînant notamment l'hospitalisation de treize enfants ayant consommé des steaks hachés vendus dans ses grandes surfaces, le grand patron s'est appuyé sur la création d'un blog pour assurer l'information et valoriser sa gestion de la crise. Implication personnelle, suivi quotidien des événements, mesures mises en place par la grande surface et ses fournisseurs… tout y est! Mixant registre personnel et information technique, Michel-Édouard Leclerc fait de son blog, le témoin de sa mobilisation* totale et permanente, de sa réactivité extrême et de sa volonté de transparence* : trois conditions absolument nécessaires à une bonne communication de crise. Une première qui montre comment, en s'appropriant un «outil citoyen», l'entreprise peut gagner en proximité et en humanité.

▶ *voir aussi* WWW… LE RÔLE D'INTERNET

Bon sens

«Le bon sens est la chose du monde la mieux partagée, car chacun pense en être si bien pourvu, que ceux même qui sont les plus difficiles à contenter en toute autre chose n'ont point coutume d'en désirer plus qu'ils en ont.» – Descartes, *Discours de la méthode*, 1637.

On le voit, les situations de crise, parce qu'elles sont par nature «anormales», peuvent favoriser des comportements qui le sont tout autant, sous l'effet de la peur*, ou par excès de prudence, de retranchement derrière des procédures. La préparation, l'anticipation*, la professionnalisation de la communication de crise ne doivent jamais faire oublier les réflexes de bon sens. Au contraire, la prévention doit permettre de se poser en amont toutes les questions de bon sens qui pourraient être occultées par le stress et l'urgence* au moment où la crise survient. Un œil extérieur, non-impliqué dans le quotidien de l'organisation, non-expert de ses activités, peut aussi y aider.

On se souvient par exemple de Total* suite au naufrage de son pétrolier l'*Erika* : après avoir exprimé de maigres « regrets » pour les conséquences de cette marée noire (dont les dommages sont colossaux), la multinationale s'est longtemps bornée à nier sa responsabilité*, s'enfermant dans un registre strictement technique et juridique, oubliant l'essentiel : la gestion « affective », morale de la crise. Dédain, inconscience, manque de clairvoyance, le comble du cynisme sera atteint le jour où son P-DG annoncera faire don d'une journée de son salaire personnel à une association écologiste méritoire !

Boycott

Le boycott est un mode d'action, de réaction de l'opinion visant à sanctionner une entreprise. À l'origine, le boycott est le choix de ne pas acheter des produits dont les conditions de production ne sont pas jugées justes. Mais les appels au boycott ne visent pas seulement la sanction* économique immédiate par une diminution des ventes, ils visent aussi, au travers de la dénonciation de « mauvaises pratiques », l'atteinte à l'image de marque. De nombreuses entreprises ont connu des appels au boycott de leurs produits et cela toujours en réaction à une crise. Les motivations du boycott sont aussi variées que la nature des crises : atteinte à l'environnement* (Total* après le naufrage de l'*Erika*), risque sanitaire (McDonald's au moment de la crise de la vache* folle), ou encore atteinte aux droits sociaux (Nike lorsqu'on découvre les conditions de production de ses produits en Asie et le travail d'enfants, ou encore Danone après l'annonce de plus de 500 suppressions d'emplois chez LU, sa branche biscuits)... Le boycott est l'expression du contre-pouvoir « économique » exercé par l'opinion, qui cesse de subir pour devenir un acteur, un moyen de pression, et constituer une menace pour les organisations ou entreprises qui font preuve de mépris ou d'irresponsabilité. Des initiatives qui trouvent souvent leur expression et leur public sur Internet* avec l'ouverture de sites dédiés (jeboycottedanone. com, site publié en 2001), ou encore l'envoi de messages publicitaires détournés et d'appels à pétition en marketing viral (campagne anti-Total). L'appel au boycott n'est en réalité que rarement suivi d'effet au plan économique ; mais son écho médiatique abime toujours la réputation* de l'organisation qu'il vise.

Buffalo Grill

Fin 2002, la chaîne de restaurants Buffalo Grill subit une crise qu'elle paiera au prix fort par manque de préparation. Soupçonnés, suite aux déclarations d'un ancien salarié, d'avoir importé de la viande d'origine britannique en plein embargo dans le cadre de la crise de la « vache* folle », les dirigeants de l'entreprise sont mis en examen. La sanction* est immédiate : la fréquentation des restaurants chute immédiatement de 40%.

L'entreprise n'avait pas anticipé ce genre de crise. Pas préparés, ses dirigeants gardent le silence* pendant quarante-huit heures. Un silence que la communication de crise ne supporte guère : sur des sujets aussi sensibles, l'opinion et notamment les clients attendent des réponses claires et rapides. S'ensuivent des déclarations contradictoires et embrouillées entre les avocats et les dirigeants, entraînant la confusion et décrédibilisant le discours. Les messages et argumentaires ne sont pas définis, les porte-parole* nombreux et mal préparés… le mal est fait. La communication s'organise, mais tardivement. Avec l'aide d'une agence, Buffalo Grill reprend l'initiative en lançant notamment une campagne de publicité*, « L'épreuve rend plus fort », et un site Internet* qui permettra, entre autres, de contrer certaines révélations faites dans la presse.

L'absence de préparation, d'anticipation* pénalise la gestion de la crise, aggravée par des conflits internes et une confusion des registres entre gestion juridique de l'affaire et gestion de l'information. Il faudra plus de six mois pour que l'entreprise se relève et retrouve ses taux de fréquentation d'avant la crise. Deux ans plus tard, en 2005, ayant surmonté la crise et retrouvé la croissance, le P-DG et fondateur décide de vendre sa chaîne de restaurants à deux fonds d'investissements, mais l'affaire judicaire n'est pas terminée au début 2007.

Cacophonie

Assemblage confus ou discordant de voix, dissonance, la cacophonie est particulièrement contre-productive en matière de gestion de crise. Une situation de crise requiert en effet des messages clairs, intelligibles, qui ne laissent pas place à l'interprétation.

La cacophonie peut être inhérente à l'organisation touchée par la crise qui, mal organisée, ne centralise pas ses prises de parole (de l'importance d'avoir défini des processus de gestion et d'organisation de la prise de parole) ou, ne s'exprimant pas, laisse le terrain à des porte-parole* autoproclamés ou défendant des intérêts divergents (salariés, syndicats, riverains*, experts*...).

Elle peut être aussi le fait de la multiplicité des acteurs impliqués dans la gestion (entreprises, autorités* publiques, syndicats...), relayant des consignes ou des messages différents, pas forcément cohérents.

La cacophonie est l'un des facteurs aggravants des crises. Il convient de l'anticiper en mettant en place des processus stricts et en respectant quelques principes fondamentaux : s'exprimer rapidement, sur la base de messages préalablement préparés et concertés avec les parties prenantes, et *via* un porte-parole clairement identifié. On réduira d'autant plus les risques de confusion, donc d'aggravation.

Canicule

Été 2003, une vague de chaleur accable la France. Fin juillet-début août, l'Europe est atteinte par une canicule exceptionnelle, à la fois par sa durée, mais également par son intensité. De nombreux records de température sont battus dans plusieurs villes européennes. En France les conséquences sur la population et les infrastructures sont importantes et provoquent une crise politique.

L'alerte est donnée par un médecin urgentiste, le docteur Pelloux. Dans les journaux télévisés, il interpelle. Le 9 août, le Premier ministre, en vacances, découvre alors l'information. Il sera le premier à rentrer à Paris, après avoir eu confirmation de la situation. S'ensuit une confusion administrative et gouvernementale : les annonces du nombre de décès liés aux fortes chaleurs se suivent et ne se ressemblent pas! 3000, 5000, 10000... la confusion règne (aujourd'hui les chiffres convergent autour de 15000 décès). Cette crise est « exemplaire ». La faute originelle ne réside évidemment pas dans la cause, mais dans la gestion même de cette crise. Le malaise vient d'un retard dans la prise en compte de la situation par les autorités* et dans l'attitude du ministre de la Santé. Alors que les services d'urgence des hôpitaux alertent, Jean-François Mattei tarde à réagir ou, pire, minimise l'impact de la canicule. La lenteur de la mise en œuvre du plan d'urgence vaudra d'ailleurs la démission du directeur général de la Santé et le ministre de la Santé de l'époque ne se relèvera pas des mises en cause de sa gestion jugée calamiteuse.

Cette crise sanitaire d'ampleur met en lumière des dysfonctionnements dans les systèmes d'alerte* et de mobilisation* au plus haut niveau de l'État*. Elle entraîne une crise politique : l'opinion n'estime évidemment pas coupable le Gouvernement des chaleurs excessives mais le sanctionne pour son manque de réactivité. Elle génère, dans un second temps, une crise sociale où l'opinion prend conscience du phénomène de dégradation du lien social, de l'exclusion, de l'abandon des personnes âgées…

Le Gouvernement tire les leçons de la crise et met en place un « plan canicule », définissant quatre niveaux d'alerte et des procédures associées. Depuis cette crise, chaque été, le ministère de la Santé donne des conseils pour se protéger de la chaleur et informe en temps réel sur l'état du niveau d'alerte, notamment par le biais de la plateforme téléphonique Canicule Info Service.

La canicule restera dans les annales comme révélatrice des erreurs de gestion de crise que l'opinion publique ne tolère plus : la négation, l'absence d'empathie* et de mobilisation immédiate de la part de ceux qui ont la responsabilité. La rupture des décideurs avec la réalité du terrain aura été ici particulièrement flagrante.

Cartographie

Synthèse de la démarche de recensement et de hiérarchie des risques*, la cartographie des risques est l'outil de base de la prévention des crises. Elle donne une photographie des zones de vulnérabilité* et permet de visualiser les risques qui menacent l'organisation. Ils apparaîtront dans des « zones de criticité » : zone rouge pour les risques les plus graves et/ou les plus probables (risques majeurs), zone jaune pour les risques significatifs et zone verte pour les risques qualifiés de mineurs (les moins graves et/ou les moins probables).

Les zones sont définies par l'organisation en fonction des niveaux de gravité* ou de probabilité. Les risques recensés sont eux notés, évalués, un à un, au regard de leurs impacts* estimés et de leur probabilité d'occurrence. Les notations d'impacts sont variables d'une organisation à l'autre.

Ainsi, pour certaines, l'impact financier d'un risque sera doté d'un coefficient plus élevé que l'impact à la marque*. Tandis que pour d'autres, notamment les entreprises très connues, où la marque constitue un actif important de la valeur* de l'entreprise, l'impact à la marque se verra affecté du coefficient le plus fort.

Pour établir une cartographie efficace, opérationnelle, l'organisation devra mobiliser, sous l'impulsion de la direction générale, l'ensemble de ses équipes, avec un mot d'ordre : se dire la vérité, toute la vérité, y compris ce qui fâche ! Un bon recensement des risques est évidemment celui qui n'omet pas les situations les plus délicates.

La cartographie des risques est une photographie instantanée mais doit demeurer un outil de gestion et de pilotage. Actualisée régulièrement *via* la mise en place d'un dispositif de veille* adéquat, elle doit permettre de mettre en œuvre les actions correctives qui s'imposent, d'analyser les mouvements, l'évolution de chacun des risques et d'identifier les nouvelles zones de danger. La cartographie des risques fait partie d'une démarche générale d'anticipation* et de prévention qui vise à mieux se connaître pour mieux agir et réagir. Son établissement permet non seulement aux dirigeants de mieux cerner les vulnérabilités qui les menacent, mais surtout il participe à la diffusion de la culture* du risque auprès de l'ensemble des personnels. La cartographie est donc tout à la fois outil de gestion et outil pédagogique.

▶ *voir aussi* GRAVITÉ (MESURE DE LA), NATURE DES RISQUES

Cellule de crise ▶ *voir* War room

Chaos

Il y a des crises prévisibles, plus ou moins attendues, plus ou moins préparées. Et puis il y a ces crises « hors normes », imprévisibles par leur ampleur, par leur facteur déclencheur*... Des crises qui bouleversent tout, qui ne ressemblent à aucune autre, qui échappent à toute logique, qui ne respectent aucun schéma de gestion préétabli.

Attentats du 11 septembre 2001, tsunami*, Katrina... Par leur ampleur dramatique, par leur puissance dévastatrice, elles mobilisent le monde entier en un instant. Leur gestion est du ressort des gouvernements* et organisations internationales. Défiant toute logique, tous schémas, leur gestion est particulièrement délicate, tant les dommages sont incommensurables. On ne parle d'ailleurs ici plus de crise (terme aujourd'hui banalisé) mais de catastrophe, de drame... Une manière de signifier l'horreur, l'ampleur de la tragédie humaine qui prévaut : parce que la constante de ces crises mondiales est toujours un nombre élevé de victimes. Derrière le drame humain, la désorganisation est totale et les dommages collatéraux toujours nombreux (logistiques, économiques, politiques...). La couverture médiatique est planétaire ; l'attention des opinions publiques est à son comble.

Charte de l'environnement

Nouvelle zone de vulnérabilité* pour les organisations ? Le projet de loi constitutionnel, adopté le 28 février 2005, introduit la Charte de l'environnement au niveau constitutionnel des principes fondamentaux. La charte promulguée le 1er mars 2005 par le président de la République entre ainsi dans le préambule de la Constitution de 1958. Elle consacre au travers de ses dix articles un nouveau droit individuel à un environnement* équilibré et respectueux de la santé (art. 1) ou encore l'obligation de promotion du développement durable (art. 6) ; enfin, elle définit le principe de précaution* (art. 5).

Son article 3 impose par exemple à toute personne, et donc aux entreprises, de « *prévenir ou, à défaut, de limiter les atteintes qu'elle est susceptible de porter à l'environnement* ». De même, selon la responsabilité écologique (qui englobe le principe de pollueur-payeur), l'entreprise devra « *contribuer à la réparation des dommages qu'elle cause à l'environnement* ».

L'impact environnemental n'est pas un nouveau champ de responsabilité pour les entreprises et les organisations. De nombreuses réglementations nationales et européennes – dont les lois NRE (nouvelles régulations économiques) – guident depuis quelques années déjà les entreprises dans leur démarche de responsabilité sociale et environnementale. Mais placée au plus haut des normes* de notre droit, cette charte confère une nouvelle dimension à la responsabilité environnementale et fait également apparaître de nouvelles zones de vulnérabilité, notamment juridiques : quels impacts, quelles applications juridiques pour ces nouveaux principes, quelles coexistences ou évolutions avec les textes existants ?

▶ *voir aussi* KYOTO (PROTOCOLE DE)

Cohérence

La gestion de crise doit apporter de la visibilité, de la lisibilité, dans une situation troublée. La cohérence doit être un principe directeur : cohérence entre l'attitude et l'action, entre ce que l'organisation est (en temps normal) et ce qu'elle montre (en situation de crise), entre ce que l'on dit et ce que l'on fait, entre les messages et les mesures prises. Une cohérence qu'il convient de maintenir à l'intérieur et à l'extérieur, vis-à-vis des collaborateurs comme des publics externes. La dissonance, le hiatus sont toujours des facteurs qui amplifient ou aggravent la crise. Partant du principe qu'une bonne gestion de crise vise à réduire son intensité, sa durée, la cohérence agit comme un prérequis indispensable.

Conseil, consultant

De plus en plus d'organisations font appel à des agences ou cabinets conseil en gestion/communication de crise. Il existe différents types d'acteurs et de structures de culture d'origines différentes : les communicants généralistes qui ont fait de la communication de crise une spécialité mais se bornent aux aspects purement liés à l'information et à la communication ; les « risques managers » qui s'appuient sur une expertise spécifique mais qui ne maîtrisent pas nécessairement l'ensemble des techniques de communication ; et les structures mixtes qui développent à la fois des méthodologies et processus de prévention des risques et de gestion de crise (issues des théories du management des risques) et maîtrisent les aspects liés à l'information. Ne parlons pas ici de ceux dont le métier est la communication (agences de publicité, de relations presse ou de relations publiques) qui appliquent leur technique à une situation de crise, sans nécessairement bien intégrer les particularités des crises.

Le rôle du conseil extérieur est multiple : alerter, accompagner, aider, former et partager son expérience. Il intervient en amont et au long cours, sur des missions de prévention des risques pendant lesquelles il accompagne l'entreprise ou l'organisation dans l'identification et la hiérarchisation de ses risques*, dans la définition et la mise en place de procédures d'alerte* et de gestion, dans la formation* en interne de ses porte-parole*, des membres de la cellule* de crise, dans l'élaboration d'outils de gestion (argumentaires, kit* de gestion…). Le consultant est alors le regard extérieur, capable d'aider à identifier lucidement et franchement les vulnérabilités*. Il intervient aussi évidemment, à chaud, pour aider les responsables dans la gestion effective d'une crise : diagnostic*, définition d'une stratégie* de réponse et d'un plan d'action, accompagnement dans la mise en œuvre. Il a ici l'expérience de la gestion de crise et le recul, la distance qui lui permettent de mieux contrôler le stress.

La communication de crise est devenue une spécialité, une expertise à part entière, chez les consultants évidemment mais aussi au sein même des organisations. Il se crée des postes de responsable communication de crise aux côtés des responsables de la communication commerciale ou de la communication interne. Une évolution qui témoigne d'une meilleure prise en compte de la dimension stratégique de l'information et de la communication en période de crise. Si elle repose évidemment sur la maîtrise des méthodes et d'outils, elle ne s'acquière pourtant pleinement et efficacement que par l'expérience*.

Culture du risque

Diffuser la culture du risque en interne est l'un des enjeux auxquels doivent faire face les dirigeants dans leur démarche de préparation. Décloisonner, diffuser, sensibiliser, former leurs équipes en interne est l'une des conditions pour une gestion optimale de la crise. On pourra utilement faire des démarches de recensement des risques* et de mise en place des procédures – autant d'occasions de sensibiliser les personnels à la culture du risque. On pourra aussi imaginer des dispositifs de formation* *ad hoc* pour les équipes susceptibles d'intervenir effectivement (comme l'organisation d'exercice* de simulation* ou de séance de *media* *training*) et des séances d'information ou de sensibilisation plus simple pour l'ensemble des personnels permettant de présenter les procédures d'alerte* et les outils dédiés. La sensibilisation et la formation internes devront prendre appui sur des crises passées et gérées par l'organisation elle-même ou proche de son univers. Elle mettra par ailleurs l'accent sur les risques les plus probables ou les plus graves qu'elle aura identifiés comme pouvant la toucher. La sensibilisation de l'interne* est d'autant plus importante que l'origine et la localisation de la crise peuvent amener n'importe qui dans l'organisation à y être confronté : un salarié, un agent informé saura alors détecter très tôt une situation crisogène et appliquer la procédure d'alerte interne qui s'impose.

Une mauvaise communication interne, des lenteurs dans la remontée des informations sont souvent la source d'aggravations qui pénalisent ensuite la gestion de la crise vis-à-vis de l'externe. Il n'y a pas de crise sans signaux avant-coureurs. Leur détection est déterminante et ne peut se faire que si l'organisation y est sensibilisée et mobilisée : c'est la culture du risque.

d

Déclencheurs (éléments)

Les éléments déclencheurs sont multiples et de natures aussi variées que les crises elles-mêmes : un incident technique, une mise en cause juridique, un mouvement* social, une annonce médiatique… L'élément déclencheur n'est que le facteur qui fait basculer une situation sensible, potentiellement crisogène, vers une situation de crise avérée. Au déclencheur on associe les éléments précurseurs ou avant-coureurs qui sont autant de signaux témoignant de la dégradation d'une situation. Si l'élément déclencheur des émeutes des banlieues* fin 2005 est clairement le décès de deux jeunes, parmi les signes avant-coureurs on peut notamment citer les vives réactions suite à la déclaration en faveur du nettoyage « au Kärcher de la Cité des 4000 » de La Courneuve de Nicolas

Sarkozy quelques mois auparavant. La situation se tend immédiatement et va se dégrader progressivement.

▶ *voir aussi* X, LA GRANDE INCONNUE

Démocratie d'opinion (l'exemple des Enfants de Don Quichotte)

La démocratie n'a jamais si bien porté son nom ! Le pouvoir* du peuple, de l'opinion, dirait-on de manière plus actuelle, fait régulièrement la preuve de son efficacité. Dernier exemple en date : la crise des SDF et le mouvement des Enfants de Don Quichotte. Décembre 2006, l'association installe des tentes à disposition des sans-domicile le long du canal Saint-Martin à Paris. Progressivement le mouvement prend de l'ampleur, se décline dans plusieurs villes de province…

En créant une opération « coup de poing », et une situation de crise pour le Gouvernement* et le ministre chargé du Logement (rebaptisé pour l'occasion ministre de la Crise du logement), les Enfants de Don Quichotte parviennent par ce mouvement d'ampleur à imposer le thème du logement dans la campagne présidentielle.

Soutenu et fortement relayé par les médias, et des personnalités, le mouvement trouve un formidable écho dans l'opinion. Sous la pression, le Gouvernement doit réagir. Les représentants de l'association sont reçus par le ministre Jean-Louis Borloo pour envisager la sortie* de crise. Ils ressortiront avec un engagement de l'État. Le ministre annonce l'examen d'un projet de loi instituant un droit opposable au logement ouvrant à toute personne le droit à un

logement décent et indépendant garanti par l'État... donc prévoyant la possibilité d'un recours en justice en cas d'échec d'une procédure amiable.

En un temps record, un résultat incroyable : faire réagir le pouvoir politique, accélérer la décision publique. La revendication, l'argumentation peuvent être longues pour convaincre le pouvoir politique de voter une loi, de créer une mesure, de préparer un décret... mais le pouvoir médiatique, la pression de l'opinion ont cette incroyable faculté d'accélérer les prises de conscience et, donc, les processus, les procédures et les mesures qui répondent aux attentes ainsi suscitées. La démocratie d'opinion permet d'agir ou de faire agir avec une célérité rare.

Désamorcer

En matière de communication de crise, deux stratégies* s'offrent aux organisations. La première consiste à attendre que « l'affaire » sorte, *via* un tiers (une autorité, un média, une association...). Il s'agit alors de mettre à profit le temps « gagné » pour se préparer à réagir, à faire face le moment venu. La seconde consiste à adopter une attitude offensive, proactive où l'organisation informe sur la situation sans attendre d'injonction extérieure. Être à l'initiative présente plusieurs avantages : en étant à l'origine de l'information, on en maîtrise mieux le ton et le tempo*. La posture de l'entreprise est alors tout autre : on joue la transparence*, on assume sa responsabilité* et on témoigne de sa volonté de gérer les événements. Cela consiste à désamorcer, en les précédant, les attaques qui pourraient venir quand on laisse le terrain libre aux « opposants ». C'est le cas par exemple quand une entreprise décide de procéder au rappel* de l'un de ses produits. « Faute avouée est à moitié pardonnée », la maxime populaire vaut aussi en matière de crise. Savoir reconnaître une défaillance, c'est aussi l'occasion d'afficher sa responsabilité et, finalement, pouvoir témoigner de la priorité que l'on donne à la qualité et à la sécurité pour ses clients ou usagers.

Le choix de désamorcer une crise en prenant l'initiative d'annoncer « le sujet » présente également l'avantage d'en affaiblir l'aspect sensationnel. Or, c'est une dimension clé de la médiatisation. En effet, l'aspect « scoop » d'une information non-publiée ou non-publique attise l'intérêt des médias, pouvant ainsi donner l'impression de dévoiler ce que l'on a voulu cacher à tous. L'événement devient ainsi intéressant, parce que c'est une « information ». Le fait de désamorcer permet dans certains cas d'atténuer le caractère sensationnel d'un événement qui ne mérite pas l'ampleur de ses répercussions. Dans ce cas, les atteintes à l'image de marque sont souvent moins importantes et moins durables.

Désinformation

Procédé volontaire (manipulation) ou non (approximation), visant à transformer une information en la dénaturant. Elle peut être à l'origine d'une crise ou en devenir une composante. La désinformation peut émaner de toutes les parties prenantes : entreprises, organisations, associations, autorités*, médias... L'histoire a montré que la désinformation avait eu cours y compris au plus haut niveau notamment des services de l'État* qui nous affirmaient que le nuage de Tchernobyl ne passait pas les frontières françaises.

La désinformation trouve avec Internet* un nouvel essor et devient de ce fait une arme puissante. E-mails, forums, blogs*, tout peut être diffusé en un temps record à travers le monde. Principal écueil du Net, la véracité de l'information diffusée. Ainsi, du canular grossier à la rumeur* savamment orchestrée, se multiplient les risques d'attaques et d'atteintes à la réputation* des hommes et des organisations. On le sait, la désinformation est partie prenante de la guerre économique. Plusieurs sites Internet recensent la plupart des rumeurs mensongères qui circulent abondamment sur le Web (*cf.* www.hoaxbuster.com).

Diagnostic

C'est la première étape du processus de gestion de crise. Celle, cruciale, qui conditionnera la suite des événements, celle sur laquelle l'ensemble des décisions prises sera basé. Il s'agit de dresser l'état de la situation : que savons-nous de l'incident ? Ses impacts* humains, matériels directs ? Ses possibles conséquences indirectes ? Son origine ? Ses acteurs, les personnes et services impliqués ? Les mesures prises ? Les publics concernés ? Le diagnostic est généralement réalisé dans le cadre de la cellule* de crise convoquée. Une « fiche diagnostic » type pourra utilement être intégrée aux volets opérationnels du kit* de crise, mis à la disposition des membres de la cellule pour les aider à structurer leurs interrogations et n'oublier aucun aspect que le stress, la pression, l'urgence* pourraient occulter.

Du diagnostic réalisé, la cellule adaptera la procédure de gestion (en fonction du niveau de crise préalablement identifié : majeure, grave, mineure...), sa stratégie* de réponse et ses messages (en fonction de la situation des publics impactés répertoriés). Le diagnostic initial sera consigné dans le journal de la cellule et sera actualisé à échéance régulière (déterminé en fonction de la nature et du rythme de la crise). Son suivi permettra d'avoir une vision précise de l'évolution de la situation afin de mettre en place les éventuelles actions correctives et de tenir informé l'ensemble des parties prenantes.

EDF

En décembre 1999, la France est balayée au lendemain de Noël par des vents d'une extrême violence. Le 26 décembre la tempête ravage toute la moitié nord de la France avec des vents à plus de 200 km/h. Les 27 et 28, c'est au sud d'être touché à son tour. Les dégâts sont colossaux : on ne compte plus les toits arrachés, les arbres déracinés, les forêts dévastées… Des piétons ainsi que des automobilistes sont tués par des chutes d'arbres, ou des matériaux envolés. Le réseau électrique a souffert : plus de 3 400 000 Français sont privés d'électricité, tous les départements sont « dans le rouge ». La gestion par EDF de cette situation sans précédent sera exemplaire. La mobilisation* de l'entreprise sera totale et immédiate : 35 000 collaborateurs sont sur le terrain dès les premières heures du retour à l'accalmie.

Ses retraités viennent bénévolement prêter main-forte. Ses entreprises partenaires viennent la soutenir, l'armée apporte son concours et de l'aide étrangère arrive en renfort. L'électricité est rétablie à 80% dans les trois jours. Reste toutefois une zone de neuf départements et 130000 clients en difficulté. 95% des raccordements seront restaurés en deux semaines.

Tout au long de la crise, les médias salueront la mobilisation de l'électricien et la solidarité qui s'est installée autour de lui pour gérer au mieux une situation de dévastation jamais connue. EDF ressort incontestablement grandie de cet épisode. L'entreprise a su faire la preuve de sa capacité à gérer l'urgence*, de son efficacité dans des conditions extrêmes. Son indice d'image, qui la positionnait déjà parmi les entreprises préférées des Français, caracole en tête du baromètre d'image des grandes entreprises françaises (sondages réalisés chaque année par Ipsos). Elle était alors, au sortir d'une crise sans précédent, l'entreprise préférée des Français.

Depuis, son indice a reculé, subissant les soubresauts de l'actualité : changement de statut, succession de François Roussely, hausse des prix... EDF bénéficie toutefois toujours d'un capital d'image confortable qui la maintient dans le «top 10» du classement.

Empathie

Principe non-suffisant mais absolument essentiel à toute communication de crise, l'empathie est l'un des trois piliers de la communication de crise (règle du jeu* TEM). Elle doit particulièrement guider les premières prises de parole. Les dommages aux personnes, les impacts* humains, sociaux des crises sont évidemment les sujets les plus sensibles. Il convient de les considérer en premier. Certes l'information en matière de crise doit rationnellement expliquer, justifier, réparer. Elle ne peut pour autant pas faire l'économie de la dimension affective, émotionnelle. Ainsi, les premiers mots devront toujours aller aux victimes*, à leur famille. À ce titre, en 2001, les premiers mots de Philippe Bourguignon, alors président du Club Med, suite au drame qui toucha l'un de ses clubs (village Athenia en Grèce) furent emblématiques. Annonçant la mort d'un petit garçon aspiré par une bouche d'évacuation de la piscine du club, son émotion, sa compassion étaient tristement bien réelles et à la hauteur du drame : il avait lui-même perdu un proche dans des circonstances similaires peu de temps auparavant.

Il n'y a évidemment pas nécessairement besoin d'un drame humain pour faire preuve d'empathie ; il suffit qu'il y ait des victimes. L'empathie au-delà du sentiment est un principe qui consiste à faire la preuve que l'organisation impliquée se sent aussi concernée. C'est le contraire de l'indifférence et du mépris qui agissent toujours comme des facteurs aggravants.

Après l'émotion, pourra et devra venir le temps de l'analyse et de l'explication rationnelle. Toute la difficulté de la communication de crise sera de savoir mixer et doser les différents registres de discours, en fonction des étapes de la crise. À l'empathie, succédera la nécessité de la fermeté pour témoigner de son engagement* ou encore la pédagogie pour expliquer les tenants et aboutissants, les mesures mises en place…

Enfants

Les enfants sont devenus un public à part entière de la communication sur les risques : les dispositifs de sensibilisation aux risques auxquels ils s'exposent se multiplient. Les autorités, les entreprises s'adressent directement à eux sur des sujets qui les concernent directement. Au-delà des risques « habituels » (accidents domestiques, sécurité routière, consommation d'alcool ou de tabac), la sensibilisation des jeunes aux risques investit de nouveaux champs : nutrition, environnement*, téléphonie...

À l'instar des autorités et sous l'impulsion de grandes campagnes gouvernementales, les entreprises aussi s'adressent directement à leur jeune public. On a vu les industriels de la restauration et de l'alimentation mettre en place des démarches proactives d'information nutritionnelle, voire de mise en garde. McDonald's, sous la pression médiatique du documentaire *Super Size Me* sorti en 2004 (où le protagoniste se nourrit uniquement chez McDonald's pendant trente jours, mettant gravement en danger sa santé) et les mises en cause répétées de la question de l'obésité, s'est engagé dans un grand programme d'information sur l'équilibre nutritionnel et l'encouragement à la pratique sportive. Ainsi, tous les emballages de frites et de hamburgers comportent des pictogrammes visant à aider les jeunes consommateurs à mieux appréhender les compositions des produits au regard des apports journaliers recommandés. Parallèlement, la chaîne développe une gamme de salades, a supprimé les portions géantes de frites (*« super size »*) et encourage à la pratique sportive (notamment au travers des Ronaldland Gym pour les enfants).

Il en va de même pour les opérateurs de téléphonie mobile qui sensibilisent les parents et les jeunes à un usage modéré de leur portable, ou encore s'engagent dans une charte pour un meilleur contrôle des contenus multimédias (contrôle parental gratuit...). Principe de précaution* ou restauration d'image, les entreprises jouent la responsabilité* et informent leurs clients ou consommateurs, y compris les plus jeunes.

Les enfants sont aussi de formidables relais en matière de prévention : sur les questions environnementales notamment, ils sont un public de choix – d'abord pour les éduquer et modifier leurs comportements personnels, ensuite pour jouer le rôle de prescripteur de « bonne conduite » auprès de leurs parents ou grands parents. Les programmes de sensibilisation se multiplient dans les écoles.

Engagements

Quand les organisations s'engagent... le phénomène n'est pas nouveau. Mais la tendance semble s'accélérer. Il y avait les chartes d'engagements de services qui répondaient à des logiques commerciales d'amélioration de la relation client. Il y a maintenant des chartes « éthiques » formalisant les engagements dits de « responsabilité sociale et environnementale » (RSE) des entreprises ou organisations : Charte de la diversité, Charte de la parité, Charte* de l'environnement*... autant de contrats, de gages de réassurance, visant à nourrir l'image, la confiance, la réputation*. L'ensemble de ces engagements n'en constituent pas moins de nouvelles sources de vulnérabilités* pour les organisations. Tout manquement, toute faille, tout arrangement avec ces principes seront plus lourdement sanctionnés.

Affichant leur responsabilité*, les organisations, les entreprises s'exposent aux contrôles, à la surveillance accrue de leurs publics : associations, citoyens, syndicats, autorités*... Ainsi, on voit se multiplier les saisines de la Haute autorité de lutte contre les discriminations et pour l'égalité (HALDE), autorité administrative indépendante créée en 2004. Si son pouvoir de sanction n'est pas direct (elle émet des avis et recommandations), la médiatisation de ses actions et avis peut suffire à porter un préjudice important aux organisations qui en font l'objet.

S'engager et le faire savoir est éminemment louable et participe à faire progresser les pratiques au sein des entreprises. Mais cela ne doit se faire que preuves à l'appui : la formalisation des engagements doit être l'aboutissement, la finalité d'une démarche effective d'amélioration des pratiques, critères de suivi et objectifs d'évaluation mis en place. La logique inverse, consistant à afficher des principes avant de mesurer leur réalité dans l'entreprise, sera sans nul doute source de crises de confiance, donc contre-productive. Le capital réputation, si long à construire, s'en verra immédiatement affecté.

Engagements proactifs, engagements défensifs... les entreprises s'engagent aussi, pressées par la crise. On le voit, quand la confiance du consommateur est entamée, une posture déterminée consistant à apporter des gages de réassurance s'impose. Ainsi, la crise de la «vache* folle» a entraîné de nombreux industriels du secteur alimentaire à faire paraître très vite des engagements ou Charte qualité, visant à retenir des consommateurs en fuite : Carrefour, le Centre d'information des viandes, McDonald's... tous les acteurs impactés ont formalisé en des temps records des engagements «grand public» s'appuyant sur les contraintes et contrôles réglementaires et internes. Figure de style presque imposée dans des contextes de crises sanitaires d'ampleur, touchant l'ensemble d'une filière, d'un secteur, les engagements formulés dans ces circonstances font pourtant difficilement le poids face à la psychose* : on le sait, les arguments rationnels* n'ont que peu de prise face à l'émotion et aux comportements irrationnels.

Environnement, écologie

De l'effet de serre au recul de la biodiversité en passant par la pollution des sols, la question environnementale a aujourd'hui totalement investi les champs économique et politique. Cette révolution culturelle débute dans les années 1970 avec la prise de conscience écologique qui émerge suite à la médiatisation des premières grandes pollutions. Les économies occidentales prennent progressivement la mesure du coût environnemental de la croissance. L'environnement devient progressivement une composante essentielle de la gestion des activités des organisations et entreprises. La réglementation se durcit. L'opinion s'en soucie. L'impact environnemental devient un critère d'évaluation de l'image, de la réputation* et de la confiance que l'opinion accorde aux acteurs publics et privés : quand on tente de hiérarchiser les craintes des Français sur la perception des risques, la crainte principale porte sur les risques liés à l'action de l'homme sur l'environnement, devant les risques hospitaliers et les risques de santé publique (source : Observatoire* des risques sanitaires).

▶ *voir aussi* CHARTE DE L'ENVIRONNEMENT, KYOTO (PROTOCOLE DE)

État, pouvoirs publics, Gouvernement

L'État, *via* ses représentants (nationaux, locaux), ses services, est impliqué dans des crises de toutes natures, de toute ampleur. Très préparé et particulièrement impliqué sur les risques majeurs menaçant la sécurité* de la France, l'État dispose d'un arsenal de plans* de secours, développés au niveau local ou national en prévision d'accidents de grande ampleur et de catastrophes : les plans Orsec (organisation des secours), les plans d'urgence*, les plans particuliers d'intervention (risque précis mais non-localisé, par exemple risque technologique, chimique), les plans communaux de sauvegarde (recensement des risques au niveau des communes), les plans de secours spécialisés (relatifs à un lieu précis, site classé Seveso*, centrale nucléaire...), les plans de veille (Biotox, Piratox...) ou encore les plans thématiques (plan grand froid, canicule, pandémie)... Au niveau de l'organisation des moyens, l'État français est l'un des mieux préparés. En termes d'information et de communication, il se professionnalise. Les crises passées l'ont renseigné sur la nécessité de sensibiliser et de former en amont à la fois ses partenaires mais également l'opinion publique.

Le Gouvernement, les pouvoirs publics ont longtemps assuré la gestion des crises, en négligeant, du moins en ne prenant pas totalement en compte la dimension stratégique de la communication en période de crise : l'opinion ne rend pas responsable l'État de fortes chaleurs ou d'inondations entraînant la mort et la désorganisation ; mais elle le sanctionne pour son manque de réactivité et l'impression qu'il peut donner de ne pas prendre la pleine mesure de la situation. C'est précisément ce sentiment qui a prévalu au moment de la canicule*.

Soucieux d'améliorer sa communication tant en amont que pendant les crises, le Gouvernement a instauré une structure interministérielle de pilotage de la communication de crise. Intégrée au sein du Service d'information du Gouvernement, son rôle est de mettre en place et d'harmoniser les procédures d'un ministère à l'autre, de coordonner l'action et de diffuser une culture de la communication de crise. Faire savoir que l'on anticipe les risques, que l'on organise les services de l'État pour être prêt à faire face, ne plus apparaître comme surpris, démuni (comme cela a pu être perçu notamment au moment de la canicule de 2003), le Gouvernement entend changer son image : passer de la réaction à l'anticipation*.

La préparation et la prévention du risque d'une pandémie de grippe* aviaire en sont une parfaite illustration. Le Gouvernement se prépare et le fait savoir. Résultat, les Français jugent positivement cette préparation et ils accordent une grande confiance au Gouvernement pour faire face à une éventuellement pandémie.

En matière de crise publique, l'État peut aussi générer ses propres difficultés. L'affaire du *Clemenceau* en témoigne. Les trop nombreuses contradictions ont conduit les pouvoirs publics à rapatrier le porte-avions et ses tonnes d'amiante à Brest, son port d'attache. La communication de l'association Greenpeace particulièrement efficace, jouant sur l'émotionnel, s'appuyant sur les images* d'enfants indiens travaillant sur des chantiers dans des conditions inacceptables, aura fini de rallier l'opinion publique à sa cause. La communication ministérielle enfermée dans le rationnel* et l'argumentation technique n'ont jamais pu faire face. Crise politique interne, crise économique et écologique, le bilan est lourd : l'image de la France au plan international en aura aussi sûrement payé le prix.

▶ *voir aussi* PLANS GOUVERNEMENTAUX

Exercice

Éprouver ses procédures, roder ses dispositifs, entraîner ses membres, maîtriser ses outils... la gestion de crise s'apprend, se répète, se prépare. Élément incontournable de l'anticipation*, l'exercice ou simulation* de crise est un moment critique : celui au cours duquel on éprouve ses processus, on évalue ses forces, ses faiblesses. L'exercice de crise doit être organisé autour d'un scénario précis, préalablement défini. La cellule* de crise doit travailler dans une configuration la plus proche du réel. Ainsi, on mettra tout en œuvre pour « simuler » au mieux un incident, un accident. Pour le choix du scénario de crise on préférera un des risques les plus graves ou les plus probables. À partir d'une situation donnée, les membres de la cellule commencent à travailler. Au fur et à mesure, les animateurs de la simulation feront intervenir des acteurs (journaliste*, préfet, représentants des administrations, clients...) venant solliciter l'organisation. L'exercice mobilise sur une demi-journée ou une journée entière l'ensemble des membres de la cellule. Le principe : apprendre à travailler ensemble, s'approprier les procédures et les outils, identifier les manques (logistiques, notamment). L'analyse de l'exercice permet d'apporter les correctifs là où des faiblesses ont été identifiées.

Des exercices de simulation sont organisés à grande échelle et au plus haut niveau de l'État*. Sur les risques les plus probables, le Gouvernement organise des simulations régulières. Derniers en date, les exercices de gestion sur le risque de pandémie de grippe* aviaire...

▶ *voir aussi* MEDIA TRAINING, QUESTIONS/RÉPONSES, SCÉNARISATION, SIMULATION

Expérience (retour d')

« Ce qui ne tue pas rend plus fort. » – Nietzsche.

On le néglige souvent, trop content d'être sorti d'un épisode plus ou moins long et douloureux : le bilan de la crise, le retour d'expérience est pourtant essentiel à l'amélioration des pratiques, à la diffusion de la culture* du risque. Une crise doit pouvoir constituer, pour l'organisation, un acquis sur lequel il est vital de capitaliser.

Une analyse critique du fonctionnement interne permettra de voir comment ont fonctionné ou non les systèmes d'alerte* et les procédures de mobilisation* des équipes (réactivité, efficacité de la gestion effective, délais entre décisions et mises en application…). On examinera aussi la stratégie* et le plan d'action mis en place en étudiant les points forts et les faiblesses. Enfin, on pourra, *via* une analyse des retombées médiatiques sur l'événement, dégager le traitement, la perception de l'image des gestionnaires… Autant d'enseignements qui doivent permettre de tirer des leçons et des pistes d'amélioration. Ainsi EDF*, confrontée à une crise sans précédent suite aux tempêtes de décembre 1999, a très vite organisé un retour d'expérience mobilisant l'ensemble de ses unités sur le terrain et chacune de ses directions. Pour faciliter la remontée d'informations, un site Internet* et un fax dédié avaient été mis en place. Les retours ont été analysés selon différents thèmes : les systèmes d'information, les clients, les questions humaines, la communication, la gestion de crise… Les enseignements tirés ont donné lieu à des décisions et à la mise en place d'objectifs d'amélioration : création d'une force d'intervention rapide, projet de mise en place d'un système assurant un contact direct et permanent avec les clients, dispositifs d'amélioration de la résistance du réseau, vigilance quant au maintien des compétences «traditionnelles» indispensables lorsqu'il s'agit d'intervenir sur les lignes aériennes (alors que le réseau neuf est aujourd'hui majoritairement enfoui)...

Formaliser un retour d'expérience, c'est aussi pouvoir sensibiliser l'interne* et le préparer à mieux gérer des crises à venir. Ainsi, le Club Med confronté au décès d'un enfant dans une piscine d'un de ses clubs a connu un important traumatisme interne. La très forte mobilisation de son président était égale à l'émotion suscitée par le drame. Plusieurs séances de debriefing ont été organisées au sein de la cellule* de crise pour formaliser un bilan et permettre de tirer les leçons. Cela a donné lieu à la mise en place d'un important dispositif de sensibilisation et de formation* en interne, et ce jusqu'aux plus bas échelons de l'organisation.

Experts

On entend régulièrement parler de crise de l'expertise scientifique. Partant du principe que la science peut et doit résoudre toute question, nos experts sont sollicités régulièrement sur les risques, tous les risques : les OGM, les antennes relais, la grippe* aviaire... On attend d'eux des recommandations, des avis tranchés, des réponses précises ; ce que la science ne permet que rarement de faire. De ce fait, les avis divergent, les expertises se contredisent parfois... techniques ou scientifiques, les experts occupent pourtant une place importante dans l'information sur les crises. Caution, garantie ou au contraire agitateur, accusateur, leur voix reste prépondérante dans le jugement que l'opinion se fait d'une situation. Ainsi, lorsque des experts alertent sur le risque pandémique, par exemple, en publiant des chiffres de mortalité prompts à effrayer, la psychose* s'amorce. Le statut d'expert est encore reconnu dans l'opinion. Ils restent parmi les acteurs des crises ceux en qui les Français ont le plus confiance, bien loin devant les journalistes, l'administration, le Gouvernement ou les entreprises (source : Observatoires des risques sanitaires, 2005 et 2006).

Ainsi, certaines entreprises, conscientes de leur déficit de crédibilité, notamment sur des sujets sensibles, relevant de compétences techniques, scientifiques, médicales, s'associent le service d'experts, mettant en place des comités scientifiques ou autres structures consultatives. Ici se pose alors le problème de l'indépendance et, donc, de la crédibilité que l'on peut accorder aux études ou avis qui en émanent...

Facture : le coût de la crise

Le coût d'une crise est complexe à établir et difficilement accessible. Mais, incontestablement, à en juger par les perturbations qu'elle crée et les investissements qu'elle nécessite, la crise coûte cher. Elle génère d'une part des pertes immédiates et engendre d'autre part des coûts souvent importants. Les pertes sont assez aisément quantifiables : chute des ventes, chute du cours en bourse... Les coûts directs sont de natures variées : de réparation (suite à un accident), d'indemnisation (victimes), de mises en place de procédures *ad hoc* (rappel* de produits, campagne d'information, mesures correctives), etc.

D'une manière générale, les crises ont aussi un impact* en interne avec comme conséquence une perte de productivité (que l'on évalue rarement). Celle-ci doit être prise en compte dans l'évaluation des coûts d'une crise. Elle est la conséquence moins de la mobilisation de l'équipe en charge de suivre la crise que de la possible démobilisation de l'ensemble des salariés d'une organisation confrontée à la crise.

Entrent également dans l'évaluation du coût des crises des dommages plus difficiles à quantifier, d'ordre immatériel, mais non-négligeables au regard du temps et des investissements consentis pour les construire : c'est l'atteinte à la valeur* de la marque* (image), par exemple. On le voit, les indices d'image (évaluant la confiance, la réputation*, la sympathie... que l'on accorde à une marque) subissent des pertes de plusieurs points au lendemain des crises. Airbus par exemple, après la crise de l'A380, enregistre, en corollaire à la chute du titre de sa maison mère EADS de 26 %, une perte de 23 points en un an, passant de la 7e à la 18e place du classement du baromètre d'image des grandes entreprises (Ipsos, 2006).

On ajoutera aussi l'impact de la baisse de réputation qui peut se concrétiser par des tensions avec les partenaires, des difficultés à recruter de nouveaux clients ou des talents en vue d'une collaboration.

Au-delà des pertes directes (matérielles et immatérielles), il faut ajouter au coût des crises les investissements publicitaires et marketing de reconquête et de reconstruction du capital image qui s'inscrivent sur le long terme.

▶ *voir aussi* IMPACTS, SANCTION

Festina

En juillet 1988, Festina, horloger suisse, jusqu'alors peu connu du grand public se retrouve brutalement sous les feux de l'actualité. Le Tour de France est bousculé par une affaire de dopage quand le soigneur du coureur français Richard Virenque, leader de l'équipe Festina et favoris français, est arrêté par les douanes en possession de produits dopants : hormones de croissance, EPO... Richard Virenque, interrogé, commencera par nier les faits. Il changera de stratégie et finira par avouer en modérant sa responsabilité. Le soigneur passe aux aveux et dénonce alors un dopage organisé et médicalisé. Le médecin de l'équipe confirmera. L'organisation du Tour de France élimine l'équipe de la compétition. On aurait logiquement pu penser que cette affaire mettrait à mal la marque de montres. Il n'en a rien été.

Les dommages ont largement dépassé la seule marque* sponsor pour toucher plus généralement et durablement l'image du Tour de France, du cyclisme et de Richard Virenque, qui mettra un terme à sa carrière, n'ayant pas retrouvé d'équipe. Les aveux de coureurs se sont multipliés, les pratiques de dopage dans le cyclisme sont mises sur la place publique. Le procès donnera lieu à la relaxe de Richard Virenque (seul coureur poursuivi). Les responsables techniques et médicaux impliqués se voient, eux, condamnés à des peines de prison avec sursis assorties d'amendes. Finalement, l'affaire Festina laisse progressivement place à l'affaire du Tour de France, au plus large scandale du dopage dans le sport dont les autorités vont se saisir. De ce scandale, le nom de la marque ressort avec une forte notoriété conquise en un temps record, sans que son image en ait vraiment pâtit.

Feuilletons

Il y a les crises soudaines et éphémères. Et il y a celles qui durent, des années parfois, jusqu'à faire partie du paysage. Ce sont les crises permanentes, dont l'intensité varie épisodiquement, des crises à rebondissements. La crise n'est jamais linéaire : elle connaît une phase de montée en puissance, un pic de révélation ou d'explosion, puis une phase plus longue de baisse d'intensité progressive émaillée de pics de résurgence, avant d'entrer dans sa phase ultime de résolution, dit sortie* de crise. La durée du processus complet peut être d'une semaine, d'un mois, d'un an, voire de plusieurs années! Les crises «feuilletons» vivent et refont surface, au gré des révélations, des enquêtes, des dénouements judiciaires ou des commémorations à leur date anniversaire.

Les exemples sont nombreux et confondants de la prégnance des crises :
– l'amiante*, dont le scandale est dénoncé dès les années 1970, reconnu officiellement en 2004 et dont les procès (sanctions et indemnisations) n'interviennent que récemment;
– l'accident nucléaire de Tchernobyl survenu le 26 avril 1986 continue d'alimenter régulièrement la chronique : la gestion technique avec la sécurisation par la mise en place d'un sarcophage de confinement; l'ouverture d'un chantier visant à mettre en place un second sarcophage de protection, de décontamination et de traitement des éléments radioactifs (commencera en 2007 pour s'achever en 2010); les conséquences sanitaires et environnementales dont on mesure l'ampleur réelle vingt ans plus tard avec la sortie en 2006 d'un rapport définitif de l'Agence internationale de l'énergie atomique (AIEA) qui prévoit 4000 décès dus aux radiations sur les 600000 personnes

touchées ; enfin, la polémique politique sur les conséquences de l'accident et l'impact sanitaire du nuage radioactif en France alimente les médias et la justice (200 poursuites de malades de cancers de la thyroïde ont été engagées en 2006).
Attentats du 11 septembre 2001, catastrophe d'AZF*, tsunami*... au-delà des suites techniques, politiques ou judiciaires des crises, les dates anniversaires sont aussi autant d'occasions de se souvenir.

Pour les organisations et les entreprises, les « crises feuilletons » sont particulièrement sensibles à gérer. Elles surexposent régulièrement l'organisation sans qu'elle puisse en faire le deuil, sans pouvoir dire que la crise est définitivement derrière elle. Si la sanction* d'une crise ponctuelle est souvent immédiate et violente, ses effets sont rarement durables. En revanche, les crises à rebondissements, par nature, pénalisent plus durablement et plus profondément l'image des institutions et des entreprises.

Formation

La communication de crise s'est professionnalisée. Elle est devenue une expertise à part entière, avec ses codes, ses techniques et ses outils. Les dirigeants, publics et privés, en ont pris conscience. Ils sont par ailleurs de plus en plus sensibles aux risques et soucieux de se protéger, de se préparer au mieux. Ainsi, les formations à la prévention des risques et à la gestion des crises se développent. Dans les cursus scolaires, apparaissent depuis quelques années des sessions ou modules dédiés à ces nouvelles problématiques, ainsi que dans les organisations, où les dirigeants souhaitent préparer leur management.

La formation à la crise en entreprise s'organise autour de deux volets :

– un volet théorique, permettant de transmettre une culture de base. On y présente les grands principes de la gestion de crise, les règles d'or, les procédures internes, l'organisation et le fonctionnement de la cellule* de crise, les outils de gestion à disposition, les stratégies* possibles, les plans d'action... ;

– un volet pratique qui peut prendre plusieurs formes : soit une mise en situation globale dans le cadre d'un exercice* de simulation* permettant d'éprouver les *process* et d'entraîner les personnels à la gestion effective d'une crise ; soit des mises en situation plus ciblées ou spécialisées, telles que des exercices pour préparer les futurs porte-parole* à la gestion des interviews*, ou des exercices techniques visant à entraîner une équipe particulière (recherche de traçabilité pour un produit, par exemple).

Les personnels formés sont prioritairement les membres de la cellule de crise, les porte-parole, les directeurs de site, les directeurs fonctionnels ou opérationnels. Les formations peuvent utilement être élargies aux managers, voire à l'ensemble des personnels dans une forme allégée permettant de sensibiliser et de donner les principes de base à tous, comme les consignes d'alerte*, essentielles dans la remontée de l'information.

▶ *voir aussi* TRAINING

Fusion-acquisition

Les grandes opérations boursières, amicales ou non, ont des conséquences qui s'apparentent aux stigmates de la crise. Même bienveillante, une opération de fusion entre deux entreprises peut mécontenter de nombreux publics : salariés, syndicats, responsables politiques, concurrents, actionnaires, clients… L'exemple de la fusion amicale entre Suez et Gaz de France, annoncée en janvier 2006, illustre bien ce principe. Les opérations dites inamicales entraînent, sans exception, une gestion de crise. Elles donneront lieu à une «bataille» où les camps seront clairement définis et où tous les coups seront permis.

En clair, un rapprochement entre deux organisations déclenche des mécanismes et des impacts* proches de ceux d'une crise. Dès lors, deux entreprises en passe d'annoncer et de préparer une fusion doivent se mettre en configuration de gestion de crise.

Les opérations de fusion impliquent l'ensemble des acteurs habituels d'une crise : grand public, médias, pouvoirs publics, salariés, syndicats, associations, etc.

L'exemple de la fusion Arcelor/Mittal donne une vue très complète d'une gestion de crise lors d'une acquisition : rôle des autorités* publiques, stratégie* des acteurs, rôle des médias, rumeurs*, poids de l'opinion publique, réputation*… La proie Arcelor, entreprise récente, a cherché l'appui des pouvoirs publics, tout en dénigrant malencontreusement les origines de l'assaillant, les revirements de stratégie ont été nombreux. Une campagne de communication visant à renforcer sa notoriété a été initiée avant la bataille, mais elle n'a pas atteint son objectif. De son côté, Mittal a cherché à expliquer et à séduire les publics clés et l'opinion publique en rencontrant tous les décideurs nécessaires et en prenant le temps de la pédagogie.

Dans une telle opération, tout ne se limite pas à la communication et à la gestion de la «crise», les aspects techniques (industriels, organisationnels et financiers) sont essentiels, mais on mesure l'importance de la stratégie d'information et des processus de gestion pour obtenir un succès.

Gouvernance

Vieux mot français remis au goût du jour, ou nouveau concept venu du monde anglo-saxon *(governance)*, le terme de bonne gouvernance, appliqué à l'entreprise, reprend du service suite aux affaires Enron, Worldcom ou Vivendi qui mettent au jour la nécessité de mieux encadrer la responsabilité* des entreprises. La gouvernance recouvre l'ensemble des règles et organes régissant la décision, l'information et la surveillance des directions d'entreprise et de leurs agissements.

L'impulsion est donnée par un certain nombre de lois et de réglementations. Aux États-Unis, la loi Sarbanes-Oxley votée en 2002 encadre la communication financière pour en garantir l'accessibilité, la fiabilité et l'indépendance du contrôle. Elle concerne l'ensemble des sociétés cotées sur les marchés américains. Elle engage directement la responsabilité des dirigeants et prévoit à leur égard des sanctions lourdes pour toute irrégularité volontaire ou consciente.

En France, la loi sur les nouvelles régulations économiques (loi NRE, 2001) fait obligation à toute société cotée de communiquer des informations relatives aux conséquences sociales, territoriales et environnementales de ses activités. Ainsi se formalisent les démarches RSE (responsabilité sociale et environnementale des entreprises). Les entreprises publient leurs données sociales et environnementales dans le cadre de leur rapport annuel ou de rapport spécifique souvent appelé « développement durable ». Et si l'obligation ne concerne que les sociétés cotées, des entreprises non-contraintes s'engagent également de manière proactive dans ces démarches visant à améliorer leur relation avec les parties prenantes : administration, actionnaires, associations, clients. Pour autant, après quelques années d'application, le bilan est mitigé : l'Observatoire sur la responsabilité sociétale des entreprises (ORSE) note que la majorité des entreprises concernées (environ 700 entreprises sont cotées en Bourse) ne respecte pas la loi. En effet, nombre d'entre elles n'ont pas initié de véritable démarche permettant de mesurer leurs impacts sociaux et environnementaux. De plus, elles sont encore peu nombreuses à solliciter le concours d'agences de notation sociale pour évaluer leurs actions, et elles sont encore moins nombreuses à consulter leurs publics (actionnaires, associations, syndicats, clients...). Principal écueil des démarches initiées, l'absence ou la faiblesse des indicateurs sociaux ou environnementaux renseignés. Mais la tendance est lancée et gageons que la vigilance accrue des consommateurs citoyens poussera les entreprises à mieux mesurer et améliorer leur responsabilité : la bonne gouvernance intervient dorénavant comme un élément majeur de l'image, donc de la valeur* des entreprises.

Gouvernement ▶ *voir* État

Gravité (mesure de la)

L'indice de gravité permet de qualifier les risques* qui menacent l'organisation ou l'entreprise. Les risques sont hiérarchisés selon deux critères : leur gravité et leur probabilité. La gravité peut être définie de manière simple selon une échelle de 1 (faible) à 5 (critique). Pour chaque niveau on qualifiera la nature de la gravité.

Par exemple :
– niveau 1 à 2, faible à contenu, événement de portée limitée, à faible potentiel médiatique (brèves et parution ponctuelle, médias à audience ciblée, limitée) ;
– niveau 3 à 5, significatif à critique, événement impactant l'ensemble de l'organisation, susceptible de porter atteinte plus ou moins gravement à sa réputation*, à son image, avec un potentiel médiatique d'ampleur.

La gravité peut aussi être évaluée de manière plus fine en la décomposant en mesure d'impacts* différenciés : impact financier, impact social, impact à la marque*/à la réputation, impact client... En fonction de la stratégie de l'entreprise, on affectera à chaque impact un coefficient multiplicateur permettant de mieux prendre en compte les dommages selon leur nature. Ainsi, une entreprise dont la marque est récente, ou en pleine construction, pourra doter l'impact à la marque d'un coefficient élevé, considérant que ce type de dommages serait plus particulièrement grave. À l'inverse, une entreprise dont l'équilibre financier serait fragile pourra privilégier l'impact financier pour le rendre prépondérant dans la mesure globale de gravité. Ainsi la gravité d'un risque sera-t-elle la somme de ses impacts pondérés de leur coefficient.

On associera à la notation de la gravité d'un risque sa notation de probabilité d'occurrence. Ces deux mesures permettront de positionner le risque dans les « zones de criticité » de la cartographie* générale.

▶ *voir aussi* CARTOGRAPHIE, IMPACTS, NATURE DES RISQUES

Grèves, mouvements sociaux

Action collective de cessation d'activité, la grève entend lutter contre un état de fait, une décision, en exerçant une pression sur le décisionnaire. Il s'agit de crises sociales qui peuvent aussi prendre la forme de débrayage, de blocus... Elles visent à instaurer une situation de blocage, moyen de pression, de négociation dans le cadre d'un conflit avec la direction ou le décideur public. On se souvient des grèves de 1995 faisant suite au projet de réforme de la Sécurité sociale du Premier ministre Alain Juppé entraînant la paralysie du pays pendant un mois. Le projet de réforme sera abandonné ; ou encore, plus récemment, les rassemblements contre le CPE aboutissant à sa non-application. Dans le secteur privé, elles font souvent suite à l'annonce de licenciements (les plans de sauvegarde de l'emploi). La crise sociale est intimement liée à la crise économique : elle en est la conséquence, elle peut aussi en constituer une source, un élément déclencheur.

La crise sociale est particulièrement sensible à gérer en matière d'information. L'information et les échanges sont strictement réglementés dans le cadre d'une procédure légale : les conditions du dialogue et du partage d'information sont organisées entre la direction et les représentants du personnel. Chacune des parties doit strictement respecter la procédure sous peine de délit d'entrave. L'information au personnel n'intervient que dans un second temps. Délicate donc, la communication sociale s'est elle aussi professionnalisée, tirant les leçons des erreurs du passé ayant déclenché des déferlements médiatiques compliquant encore leur gestion :
– Hoover projetant des licenciements en raison de projet de délocalisation de la production d'aspirateurs ;
– Michelin accusé de sacrifier ses salariés à ses actionnaires (quand l'industriel annonçait concomitamment des bénéfices records et des suppressions d'emplois) ;
– Danone, entreprise largement bénéficiaire, décidant de fermer deux usines LU...

Ces entreprises ont focalisé l'attention médiatique, suscité l'indignation de l'opinion, subi des appels au boycott*. Pourquoi, alors que de nombreuses autres entreprises licencient, certaines se retrouvent sous les feux de l'actualité ?

Plusieurs explications peuvent être avancées :
– il y a les contradictions évidentes qui suscitent l'incompréhension (Michelin, Danone) ;
– il y a les erreurs de gestion – fuites dans les médias, silence de la direction et attaque du site de soutien populaire au boycott – qui révèlent l'entreprise sous un nouveau jour (Danone) ;
– et puis il y a la portée symbolique (Hoover et les délocalisations comme symbole d'une nouvelle menace pour l'emploi français) ;

– enfin, il y a le potentiel médiatique de la crise : les marques les plus connues sont de ce fait les plus suivies, les plus surveillées, les plus vite sanctionnées aussi par les médias et l'opinion.

On l'a vu récemment, la grève comme moyen de pression n'est plus l'apanage des seuls salariés. Les politiques s'en emparent. Sur un canapé de l'Assemblée nationale où il restera trente-neuf jours et perdra plus de quinze kilos, le député UDF Jean Lassale a dénoncé, par une grève de la faim, la délocalisation à quelques kilomètres de sa vallée de l'usine de l'entreprise japonaise Toyal. Il a finalement obtenu en partie gain de cause, au prix d'une hospitalisation, sur le maintien de la présence du groupe Toyal dans son canton béarnais. Héros populaire ou preneur en otage des institutions, la manière a fait débat et a ouvert un nouveau champ à l'action politique.

Grippe aviaire

L'information sur le risque sanitaire est particulièrement sensible et se double bien souvent d'un risque de crise d'opinion* ; la psychose* rôde avec son cortège de comportements irrationnels. La fin 2005 et une bonne moitié de 2006 ont constitué une séquence médiatique « grippe aviaire » particulièrement intense. Le Gouvernement* s'est mobilisé, s'est préparé et l'a fait savoir : nomination d'un délégué interministériel à la grippe aviaire, plan pandémie, points presse réguliers, exercices* de simulation*, information et formation* des professionnels de santé… le Gouvernement n'a pas ménagé ses efforts. Les médias ont relayé les dispositifs de préparation, les commentaires d'experts*, tantôt rassurants, tantôt alarmistes.

Une certaine inquiétude a gagné l'opinion : l'emballement médiatique sur le sujet a fait basculer une démarche d'anticipation* et de sensibilisation vers une forme de panique, avec les conséquences que cela génère : chute des ventes de volailles et aides à la filière, ruée dans les pharmacies pour se procurer du Tamiflu ®, peur du pigeon qui vous frôle... Pourtant la crise n'est pas nouvelle : on a déjà oublié qu'elle avait commencé en 1997 à Hong Kong! Et si sa réalité est mondiale, sa gestion internationale, ses impacts sont d'abord et pour l'essentiel localisés en Asie et en Afrique.

Néanmoins, l'opinion publique française notamment, alimentée par les médias, s'est interrogée. Face à cela, les autorités ont dû réagir, calmer les esprits. En faire trop ou pas assez? Informer, oui mais sans excès; sensibiliser, oui mais sans dramatiser : le juste équilibre est toujours délicat à trouver. C'est particulièrement vrai en communication de crise. De la prévention à la psychose, la bascule est souvent bien plus rapide qu'il ne devrait.

Le Gouvernement en a-t-il trop fait? Lui reproche-t-on d'avoir assumé sa responsabilité* de « protecteur » de la nation? Lui reproche-t-on d'avoir fait de la France le pays aujourd'hui le mieux préparé, selon l'OMS? On peut légitimement critiquer et sanctionner une organisation, une entreprise, pour son manque de responsabilité, d'anticipation, de préparation. L'inverse paraît plus difficile. D'ailleurs, les études d'opinion montrent que les Français ont confiance dans la capacité de l'État à faire face à la pandémie si elle survenait. Car si le risque de crise d'opinion a aujourd'hui disparu avec l'apaisement médiatique, si la crise n'est toujours pas effective en France, le risque sanitaire n'en demeure pas moins présent.

La préparation au risque pandémique au niveau national constitue une première, un tournant dans la communication publique de crise. C'est un dispositif d'ampleur qui a aussi valeur d'expérimentation et de pédagogie pour l'ensemble des services de l'État, notamment sur le plan de la collaboration avec le monde hospitalier. C'est un investissement à double titre : d'abord parce que les coûts de la préparation (constitution de stocks de masques, d'antiviraux, mobilisation de personnel, formation, outils d'information...) bien qu'élevés n'ont pas d'équivalent avec les coûts qu'engendrerait une pandémie si elle n'était pas anticipée et contrôlée ; ensuite parce que cette démarche est formatrice, au sens expérimental : elle servira, pour l'anticipation de nouveaux risques.

h

Hippocampe (syndrome de l')

C'est dans l'hippocampe, organe localisé dans le cerveau, que se déroule la phase d'« enregistrement » de la mémoire : les souvenirs sont ensuite stockés dans le cortex. Le syndrome de l'hippocampe est une forme d'altération de la mémoire ; la mémoire des crises n'y échappe pas. Quel souvenir gardons-nous des crises ? Quelles sont les crises qui restent dans la conscience collective ? Les études montrent que les crises les plus présentes à l'esprit des Français ne sont pas nécessairement corrélées à leur réalité sur le terrain. *A contrario* les risques réels ou les crises à très forts impacts peuvent s'estomper rapidement.

La mémoire est liée à la perception que l'on a de la crise plus qu'à son intensité réelle. Or, il est des crises qui existent dans l'opinion avant même que celle-ci y soit confrontée ! C'est une des particularités des crises sanitaires, qui n'ont pas nécessairement besoin d'être effectives ou d'avoir des impacts directs ou d'ampleur pour exister fortement dans l'opinion. La grippe* aviaire, le SRAS* en sont des exemples criants.

Les crises à très forte intensité médiatique sont évidemment celles qui restent en mémoire ; celles qui vous touchent (c'est-à-dire qui ont concerné directement ou qui auraient pu concerner) sont celles qui provoquent des changements de comportement significatifs. L'exemple de la vache* folle est intéressant. La crise de l'ESB a profondément marqué les Français : leur réaction a été immédiate et importante. La chute de vente de viandes bovines en a témoigné. La maladie de Creutzfeld-Jakob aura pourtant tué environ vingt fois moins de personnes dans le monde que ne le fait la grippe saisonnière chaque année en France ! Non pas que la crise sanitaire n'existait pas ou qu'elle ne méritait pas la mobilisation, mais son ampleur réelle en revanche ne justifie pas une telle prégnance dans la mémoire collective.

Cependant le syndrome de l'hippocampe est moins un effacement complet de la mémoire que la progressive disparition des comportements engendrés par les crises et la perception que l'on en a. Si la crise sanctionne souvent brutalement les produits visés, le temps fait son œuvre, comme le dit l'adage populaire : la sanction est immédiate mais pas nécessairement durable. Le syndrome de l'hippocampe, c'est finalement une altération de la mémoire des crises, qui finit par assimiler les crises une fois la phase de découverte, de peur liée à l'inconnu passée, et compose avec elles. La crise n'est plus, dès lors que le risque devient connu, intégré et en partie assumé.

Historique

Garder l'historique des crises est essentiel et pourtant souvent négligé. Toute cellule* de crise constituée à l'occasion d'un incident doit ouvrir et tenir un « journal de bord » dans lequel seront consignées toutes les étapes (horodatées) de la gestion : du diagnostic* de départ aux mesures mises en place, en passant par les différentes actions d'information développées, les demandes et sollicitations extérieures mais aussi les données factuelles permettant de qualifier l'évolution de la situation.

Il s'agit pour l'organisation de disposer de la traçabilité de la crise. Cela est utile à plusieurs titres : d'abord pour pouvoir, à tout moment, témoigner de manière très précise de l'ensemble des actions engagées et de l'état de la situation (notamment en cas de mise en cause judiciaire) ; ensuite parce que, en cas de dégradation ou d'interrogations sur la gestion, on identifiera plus aisément les manques ou les erreurs à corriger et les recadrages à opérer. Enfin, le journal de bord de la crise servira de base à l'élaboration du document bilan et retour d'expérience* de la crise... Une forme de « devoir de mémoire » de l'organisation pour mieux préparer et gérer ses crises à venir.

Hôpital : les infections nosocomiales

L'hôpital, acteur majeur au cœur des dispositifs de préparation et de gestion de crises sanitaires d'ampleur (grippe* aviaire), n'est pour autant pas épargné par des crises endogènes. Les infections nosocomiales (survenues à la suite de soins médicaux) constituent une crise latente depuis plusieurs années. Il y a les crises « par anticipation » (grippe aviaire) et il y a celles « à retardement ». Celle-ci en constitue un exemple.

Les infections nosocomiales sont fréquentes, choquantes et déroutantes pour l'opinion, mais elles ne sont pas récentes. C'est la prise de conscience qui est nouvelle. Les médias s'emparent du sujet en 2003. Le terme, jusqu'alors inconnu du grand public, commence à trouver résonance dans l'opinion, avec des chiffres qui impressionnent : chaque année, 800 000 personnes hospitalisées seraient victimes d'une infection, soit un patient sur quinze. On déplore plus de 4 000 décès et de nombreuses victimes qui en portent des séquelles à vie. L'explosion médiatique viendra d'un témoin emblématique : Guillaume Depardieu, victime d'une infection le contraignant à l'amputation d'une jambe, fait le tour des plateaux télé, révèle son drame et alerte l'opinion : il appelle aux témoignages de patients en créant une fondation et un site Internet*.

Paradoxalement donc, le sujet émerge dans l'opinion alors même que les moyens de lutte s'intensifient et que la tendance est à l'amélioration. Deux enquêtes nationales, menées en 1996 et en 2001, ont montré une diminution de 12 % du taux des patients infectés. Et puis les dispositifs de lutte (initiés en 1988 par la mise en place de comités locaux de lutte et de centres de coordination interrégionaux) ne cessent de s'organiser, d'être renforcés, notamment depuis 2004, sous la pression croissante des associations « boostées » par le soutien d'une opinion enfin sensibilisée : plan national de lutte, mise en place d'outils d'information à destination du grand public (numéro de téléphone et site Internet), publication annuelle du classement des hôpitaux avec le tableau de bord des infections nosocomiales...

Human Bomb

« HB » pour Human Bomb : mode opératoire terroriste et surnom que s'était donné en 1993 Erick Schmitt, le preneur d'otages de la maternelle de Neuilly-sur-Seine. L'affaire a tenu en haleine la France entière. Pendant soixante-douze heures, l'homme détient vingt et un enfants de trois ou quatre ans et leur institutrice. Il est cagoulé, ne parle pas. Il fait connaître ses revendications par écrit : il demande 100 millions de francs. Muni d'explosifs il menace de faire sauter la salle de classe. Ses menaces sont prises au sérieuses. Le maire de la ville, Nicolas Sarkozy (alors également ministre du Budget et porte-parole du Gouvernement), prend immédiatement les choses en main. Le RAID est très vite dépêché sur place. Les médias s'emparent de l'événement et occupent le terrain. La gestion de l'information est délicate. L'homme est équipé d'une radio ; il s'agit de ne pas le renseigner sur la stratégie mise en place. Aussi les informations communiquées aux journalistes* sont-elles limitées. Les médias eux mêmes, conscients du danger, procèdent avec prudence. Au fur et à mesure des négociations, menées notamment directement par Nicolas Sarkozy, le preneur d'otages relâche plusieurs enfants pour n'en garder plus que six. Finalement, les hommes du RAID profiteront de l'endormissement du forcené après deux jours de tension et de veille pour prendre d'assaut la salle de classe et le neutraliser. HB est tué. La conduite exemplaire des opérations et l'issue heureuse de la prise d'otages seront entachées d'une polémique sur la mort (nécessaire, préméditée ou non) d'Erick Schmitt.

Iconoclaste

La crise est iconoclaste. Elle brûle nos icônes. Le pouvoir médiatique n'y est pas étranger : sous les projecteurs on assiste à la déchéance de ceux qui, hier encore, faisaient la une. On adule et on sanctionne aussi vite et d'autant plus sévèrement que la personnalité, l'organisation, aura été porteuse d'un symbole fort de réussite dans l'opinion. Une marque* forte est souvent associée à un rempart utile, notamment en cas de crise. Pourtant, la marque, dès lors qu'elle constitue un symbole, un emblème, se trouve aussi plus exposée aux attaques (rumeur*, désinformation*...) et plus sensible au « retour de bâton* » aussitôt qu'elle se trouve prise en contradiction dans son discours et ses actes ou en défaut de responsabilité*.

Les marques souffrent, mais rares sont celles qui disparaissent purement et simplement, à l'instar d'Arthur* Andersen.

Qui brûle-t-on donc ? Des responsables politiques (Michel Noir, Bernard Tapie…) évidemment, des sportifs aussi (Richard Virenque…), et puis plus récemment, et parce qu'ils sont eux aussi devenus médiatiques, des grands patrons : Jean-Marie Messier, ex-P-DG de Vivendi Universal, dont l'ascension fulgurante n'a eu d'égale que la chute spectaculaire, en est un exemple éloquent. J6M (Jean-Marie Messier Moi-même Maître du Monde, comme l'avaient surnommé « Les guignols de l'info » sur Canal +) fascine d'abord par sa réussite. Mais rapidement, sa toute-puissance, son arrogance, ses déclarations fracassantes et ses erreurs de gestion vont lui valoir l'inimitié des élites, des milieux médiatiques, politiques et économiques. Forcé à la démission en 2002, ses indemnités de départ (20 millions de dollars) feront scandale et l'objet d'une bataille juridique avec son successeur. L'affaire débouchera sur un renforcement du contrôle de la rémunération des dirigeants.

Parce qu'ils ont été à un moment donné l'incarnation de malversations alors qu'ils étaient porteurs de nouveaux modèles, de nouvelle voie dans leur domaine, ils ont été durablement, voire fatalement sanctionnés par les médias, par l'opinion. Un phénomène qui témoigne, s'il en était besoin, de la fragilité d'une image, d'une aura.

Image

Dans les contextes de crise comme dans d'autres domaines, il y a le poids des mots et la force de l'image. Il y a la communication verbale, les messages que l'on diffuse par des déclarations, *via* des communiqués de presse, une campagne d'information. Et puis il y a la puissance symbolique de la communication non-verbale : l'attitude, le geste, le symbole… autant de messages que seule l'image peut relayer – c'est le coup de pied rageur de Jean-Pierre Raffarin dans une boulette de mazout sur une plage polluée par le *Prestige* ; c'est Nicolas Sarkozy sortant de la maternelle de Neuilly (où une classe d'enfants est victime d'une prise d'otages) un enfant dans les bras…

L'image au même titre que le discours sert une posture générale. Elle témoigne de l'engagement*, de la détermination, ou du mépris, de l'embarras. Travailler ses messages, donc, mais travailler aussi la manière dont ils seront véhiculés. Les premières interventions en temps de crise sont déterminantes. On veillera particulièrement au lieu où se feront les déclarations, les interviews*. Le principe est toujours de se rendre sur le lieu de l'incident quand c'est possible, ou au côté des victimes*.

L'image sert donc la communication de crise. Mais elle peut aussi en être un facteur déclencheur ou aggravant. On se souviendra par exemple de l'émotion suscitée par l'image du jeune Arnaud, dix-neuf ans, l'une des premières victimes de la forme humaine de la maladie de la « vache* folle », témoignant devant les caméras de « Zone interdite » en novembre 2000. La psychose*, latente, explose alors. Les industriels de la viande et les chaînes de restauration rapide en subissent immédiatement les conséquences.

Impacts

Un risque* se caractérise par l'évaluation des impacts supposés : humain, technique, financier, commercial, social, politique... La mesure des impacts permet de qualifier le risque, de définir son degré de gravité* potentielle. Une fois la crise survenue, l'évaluation des impacts directs et indirects est la première étape de la gestion permettant de délimiter son périmètre et d'en mesurer l'ampleur. C'est la phase du diagnostic* : que savons-nous de l'événement ? Quelles sont ses conséquences directes, visibles, prévisibles ? Y a-t-il des victimes ? Quels sont les dégâts matériels ? Qui est impliqué ? Quels sont les acteurs, les victimes ? La situation est-elle stabilisée ? Quels sont les risques de dégradation ? Si les réponses à ces premières interrogations sont relativement aisées quand la crise est un accident*, un incident clairement localisé et daté, elles sont moins évidentes dès lors que la crise est diffuse : campagne de dénigrement, attaque médiatique...

De manière générale, on identifie les impacts d'un risque ou d'une crise selon cinq catégories :
– atteinte aux personnes (salariés, clients, riverains*) ;
– dommage aux biens (physique et technique) ;
– perte d'informations stratégique ;
– atteinte aux partenaires (amont et aval) ;
– perte financière.

Les impératifs RSE (responsabilité sociale et environnementale) peuvent amener les organisations à évaluer les impacts sociaux, environnementaux et politiques ou réglementaires.

▶ *voir aussi* GRAVITÉ (MESURE DE LA)

Interne

Le principe général qui consiste à informer d'abord l'interne vaut aussi en cas de crise. À la fois victime et acteur de la crise, il occupe à ce titre une place de choix dans la gestion. Il s'agit d'abord d'informer de la situation et de donner les premières lignes de conduite définies par l'entreprise : ses messages et les mesures mises en place. Les personnels sont autant de porte-parole* potentiels de l'organisation qui doivent pouvoir disposer des éléments de base leur permettant de faire face aux sollicitations professionnelles (de partenaires, de clients) comme aux sollicitations personnelles (de leurs famille et amis). En période de crise, l'enjeu est de préserver la confiance et la cohésion interne. Ce sera le rôle de l'information qui sera donc diffusée en amont de toute communication vers l'extérieur et, idéalement, directement de la direction pour en signifier la portée stratégique.

L'interne représente donc un capital confiance qui doit être conforté quand il est mis à l'épreuve de la crise. C'est aussi un formidable capital de mobilisation* qu'il faut savoir utiliser. On a vu, à bien des reprises, combien la mobilisation générale des équipes pouvait compter dans la capacité d'une organisation à faire face à la crise. : EDF* et les tempêtes, Aéroports de Paris et l'effondrement de son terminal 2E... Le capital humain des entreprises peut être un atout de poids. La communication de crise doit savoir le gérer. À défaut, sans la confiance et l'appui de ses forces internes, l'entreprise se verra fortement handicapée dans sa gestion.

Internet ▶ *voir* www... le rôle d'Internet ; *voir aussi* Blog

Interview

Qui dit communication de crise dit gestion des médias. L'organisation, l'entreprise doit s'exprimer : informer, expliquer, justifier, rassurer. Elle le fera de manière proactive et/ou en réaction aux sollicitations des journalistes*. L'interview en période de crise est un exercice difficile et stratégique. Les dirigeants, les porte-parole* doivent s'y préparer.

Faire le choix de s'exprimer dans les médias, c'est accepter de « jouer un jeu » dont il faut connaître les règles :
– le journaliste* est un relais vers un public plus ou moins large, plus ou moins éduqué sur un sujet donné. Ses questions seront le reflet de celles que se posent ses lecteurs ou auditeurs. Il s'agit donc d'adapter son discours au public visé. Cela signifie bannir le jargon (à l'exception des médias spécialisés), préférer un discours concret, illustré et centré sur ce qui préoccupe les destinataires. Par ailleurs, on veillera à trouver l'équilibre entre le discours technique, rationnel, relatant les faits, les chiffres…, et le discours affectif et émotionnel. L'entreprise doit prioritairement témoigner de sa sensibilité, de sa préoccupation pour tous ceux qui sont concernés par l'événement ;
– une interview se prépare toujours : on répond toujours à une sollicitation, mais jamais « à chaud ». Les messages auront toujours été préalablement préparés et validés par la cellule* de crise. En communication de crise, le discours doit témoigner de la plus grande cohérence*, d'où l'importance de centraliser la formalisation des messages au sein de la cellule et de limiter le nombre des porte-parole ;
– confiance et transparence* : accepter de répondre à un journaliste c'est s'engager à informer, à

expliquer. C'est toujours répondre aux questions, même si la réponse consiste à dire que l'on ne peut pas apporter davantage de précisions dans l'immédiat.

– savoir maîtriser le temps : particulièrement pour les interviews à la radio ou à la télévision, la question du temps est cruciale. Si l'entretien avec le journaliste dure une demi-heure, il ne gardera que quelques secondes (au mieux, quelques minutes) lors du montage de son sujet. D'où l'importance de disposer de réponses claires et concises : il s'agit de faire passer les messages clés en tout début de réponse ;

– le off n'existe pas ! Dans un contexte de crise, comme en situation « normale », tout ce que vous direz pourra être utilisé par le journaliste. La plus grande vigilance doit être maintenue tout au long de la rencontre ;

– ce qui doit être absolument proscrit : l'arrogance, le mépris, le mensonge, la langue de bois.

▶ *voir aussi* JOURNALISTES, TRAINING, QUESTIONS/RÉPONSES, LES 5 W

Jeu TEM (règle du)

La règle du jeu en communication de crise, c'est la règle du jeu TEM, pour : Transparence*, Empathie* et Mobilisation*. Ce sont les trois incontournables du discours et de la posture à afficher.

La transparence, parce que lors d'une crise on attend légitimement de l'organisation, de l'entreprise, des explications, qu'elle éclaire sur l'incident, ses causes, ses conséquences, ses mesures correctives ; il convient donc d'informer. Mais plus que cela, on pourra faire le choix de « surinformer » : points presse réguliers (à déterminer en fonction du rythme de la crise), communiqué de suivi, numéro vert d'information, blog*... L'organisation qui affiche elle-même sa volonté de communiquer sera « jugée » avec plus d'indulgence. Si le silence* est à la fois insupportable et suspect, l'information, ou la surinformation, témoignera de la volonté de transparence et pourra même «lasser» plus rapidement des médias qui y verront un signe d'une prise en main responsable, sans raison d'investigation plus poussée.

L'empathie, parce que l'organisation doit contrer l'image habituelle de structure froide, distante et guidée par les seuls impératifs économiques. La crise est un moment particulier de la vie des organisations ; c'est étrangement celui où elles font la preuve de leur vulnérabilité, donc de leur humanité. Témoigner de sa sensibilité, afficher son désarroi, se préoccuper d'abord des publics impactés, pour cela, l'entreprise devra être incarnée. Le porte-parole désigné sera un premier signe de l'attention qu'elle porte à l'événement. Ainsi, quand la crise est majeure, ce sont généralement le président ou le directeur général qui portent les messages aux victimes, aux familles.

Enfin, la mobilisation. La transparence et la volonté d'informer, l'empathie et l'humanité témoignées au plus haut niveau de l'organisation en sont déjà les premières composantes. La mobilisation s'exprime à trois niveaux : dans les messages diffusés, qui devront être fermes et témoigner de la plus grande responsabilité ; dans les mesures mises en place (les équipes dédiées à la gestion, l'organisation du retour à la normale, les aides aux victimes, les dispositifs d'information…) ; et, enfin, dans la perception de la détermination des dirigeants.

Idéalement, la trilogie sera déclinée dès les premières interventions. Ce sont ses trois composantes qui donnent le ton et qui façonnent la première impression des observateurs (médias, autorités, opinion publique), qui conditionnent la suite de la perception des événements.

Josacine®

L'affaire dite de la Josacine® est emblématique des ravages du principe de précaution*. Juin 1994, on apprend par un communiqué du laboratoire pharmaceutique Bellon le décès d'une petite fille. Émilie, neuf ans, serait morte empoisonnée après avoir pris de la Josacine®, célèbre antibiotique, alors très largement prescrit aux enfants. Immédiatement, la panique s'empare des Français. Le laboratoire est submergé d'appels. Le médicament est retiré du marché. Très vite l'enquête est lancée. Il faudra deux mois pour lever les soupçons sur le laboratoire et son médicament. Les analyses sont formelles et révèlent que le poison (du cyanure) introduit dans le flacon l'a été après l'achat du médicament et très probablement peu de temps avant son ingestion par la fillette. Il s'agit donc d'un crime. Les soupçons porteront sur un ami de la famille.

Pour le laboratoire Bellon, le mal est fait. Au nom du principe de précaution et de la sécurité de ses clients utilisateurs, son médicament vedette a été cloué au pilori. S'il est relativement rapidement innocenté, le laboratoire doit attendre quatre mois, le 6 octobre 1994, pour que l'agence du médicament annonce le retour sur le marché de la Josacine®, précisant que la qualité et la fiabilité du médicament ont été mises hors de cause dans le décès de la jeune Émilie. Le laboratoire met en place un numéro d'appel pour accompagner le retour de son médicament et répondre ainsi à toutes les questions des patients.

Journalistes

Ils font partie des publics à traiter de manière spécifique, au même titre que l'interne*, les partenaires, les autorités*, les clients… Mais leur rôle de relais d'opinion leur confère une position stratégique dans le dispositif de communication de crise. Incontournables, leur perception et leur analyse des événements seront déterminantes dans l'évaluation que se feront les différentes parties prenantes et, plus généralement, l'opinion publique de la responsabilité* de l'organisation.

Connaître les journalistes, leurs impératifs, leur fonctionnement est essentiel pour organiser au mieux l'information. L'organisation soumise à une crise sera d'autant plus écoutée et à l'aise dans sa gestion des médias qu'elle entretient avec eux des relations régulières. Par ailleurs, la préparation des entreprises à la crise doit prévoir de former ses porte-parole* à la prise de parole, notamment à la pratique de l'interview* journalistique *(voir MEDIA TRAINING)*. Les journalistes sont des professionnels de l'information mais pas nécessairement des spécialistes. L'information délivrée devra donc se faire sur un mode d'autant plus pédagogique que la situation est complexe ou technique. Les journalistes sont aussi des salariés d'une entreprise qui répondent à des contraintes et des impératifs : un public à fidéliser, des délais de production courts à respecter, des formats spécifiques de traitement… Cela signifie pour l'organisation de savoir adapter sa gestion de l'information en tenant compte de ces conditions. On veillera pour cela aux heures de diffusion des communiqués ou de la tenue des points presse : la veille dans l'après-midi si l'on veut que l'information puisse être diffusée le lendemain matin dans les quotidiens et le soir même aux journaux télévisés ou sur les radios par exemple. Pour la diffusion la plus large d'une information, nécessitant la plus grande réactivité, à tout heure du jour ou de la nuit, on s'appuiera sur les agences de presse (AFP, Reuters, Associated Press) dont les dépêches sont consultées régulièrement par l'ensemble des rédactions.

Les journalistes, acteurs de la gestion des crises, peuvent aussi en être des éléments déclencheurs ou aggravants : il suffit parfois de la diffusion d'une image* d'un produit, d'une marque dans un reportage consacré à une crise (même si la marque ou le produit ne sont pas impliqués) pour que l'entreprise en subisse immédiatement les conséquences : inquiétudes des partenaires, des clients… l'entreprise bascule en situation de crise médiatique. La puissance médiatique peut générer des crises d'opinion* sans commune mesure avec la réalité du risque : SRAS*, grippe* aviaire… pas une seule victime en France mais l'affolement, la psychose* a été bien réelle.

Justice

De plus en plus prégnante dans la gestion des crises, la dimension juridique et le volet judiciaire en constituent des composantes majeures. On parle même de «judiciarisation» des crises : mise en examen, procès, action en justice… les organisations y sont soumises et on attend d'elles qu'elles rendent des comptes. Elles peuvent aussi être elles-mêmes à l'origine d'actions juridiques pour se défendre d'attaques variées (diffamation, contrefaçon…). Dans tous les cas, les volets judiciaires des crises sont éminemment dommageables à l'image des entreprises. D'une part sur le fond, parce que la simple mise en examen fait encore souvent office de jugement de culpabilité ; d'autre part sur la forme, parce que les actions en justice confèrent aux crises une durée plus importante, et des pics de résurgence sur le long terme.

La *class action*, ou recours collectif, verra-t-elle le jour en France ? Elle ouvrirait une nouvelle voie de réparation aux consommateurs, clients, usagers ayant subi un préjudice commun. Elle ouvrirait aussi par là même une nouvelle zone de vulnérabilité* judiciaire pour les entreprises ou les organisations.

k

Kit de crise

Le kit de crise rassemble l'ensemble des procédures et outils nécessaires à la gestion des crises. Il formalise la démarche d'anticipation* et de préparation des organisations. Il est en général constitué de deux volets :

– le premier, à vocation pédagogique, permet de diffuser auprès des responsables de l'entreprise un état des lieux des principaux risques* et crises (la cartographie* des risques) susceptibles de survenir. Il présente également les grands principes de la gestion de crise. Il peut également contenir des éléments de retour d'expérience* sur des crises passées ;

– le second, à vocation opérationnelle, rassemble les procédures et outils de gestion : schéma général de crise, membres et mode de fonctionnement de la cellule*, fiche diagnostic*, argumentaires, fichiers de contacts prioritaires (autorités*, partenaires, médias…).

Le kit de crise est donc d'abord un support opérationnel intervenant au moment de la gestion ; il constitue pour autant un formidable outil au service de la préparation, et notamment pour la formation des équipes. Il participe alors à la diffusion de la culture* du risque. Il convient pour cela de pouvoir le présenter en amont, afin que chacun puisse s'en imprégner. Il doit également servir dans le cadre des simulations* afin d'aider à l'appropriation des procédures et des outils.

Il doit être physiquement présent dans la salle de la cellule de crise ; il peut aussi utilement être mis à la disposition des membres sous la forme informatique (sur l'Intranet, sur un CD, une clé USB), qui permet à chacun d'avoir accès en permanence aux données nécessaires à une intervention rapide et à distance (si la crise intervient un week-end, par exemple). On veillera toutefois à bien sécuriser ces supports nomades.

Le kit de crise est un outil vivant. Pour être efficient, il doit faire l'objet d'une réactualisation régulière, nombre de données le composant pouvant être vite périmées et, donc, handicaper la gestion même de la crise : mise à jour de la cartographie, des contacts et de leurs coordonnées, des argumentaires... Par ailleurs, les procédures et outils pourront être complétés, modifiés au fur et à mesure de l'expérience de la gestion de crise.

▶ *voir aussi* WAR ROOM

KOL

Key Opinion Leaders (KOL) : sous ce vocable anglo-saxon, on désigne l'ensemble des « faiseurs » d'opinion : décideurs, experts*, journalistes*, associations… Publics réguliers des organisations et des entreprises, ils peuvent, en fonction des relations établies avec eux en amont, constituer de précieux alliés quand la crise survient. À l'inverse, si les entreprises les « négligent » en période « normale », ils pourront se positionner en opposants et représenter une menace supplémentaire en situation sensible.

L'essentiel se joue donc, paradoxalement, hors période de crise. Plus l'organisation aura témoigné de sa transparence*, de sa responsabilité*, de sa considération à l'égard de ses KOL dans sa gestion quotidienne, plus ceux-ci seront indulgents, voire à ses côtés, lorsqu'il s'agira de faire face à la crise. Les démarches de responsabilité sociale et environnementale des entreprises (RSE) œuvrent en ce sens : nouer des relations régulières d'échange, de collaboration, entre les organisations et l'ensemble de leurs parties prenantes.

Quand la crise survient, les entreprises sont confrontées aux sollicitations diverses et variées des autorités*, des journalistes, des associations, des consommateurs. Elles y répondront d'autant mieux et d'autant plus facilement qu'elles connaîtront leurs interlocuteurs. Ces mêmes interlocuteurs seront d'autant plus collaboratifs et compréhensifs qu'ils auront été préalablement et régulièrement tenus au courant par l'entreprise de ses activités, de leurs impacts et des mesures mises en place, et auront pu ainsi éprouver sa bonne gouvernance*.

Ces relations peuvent se nouer de manière formelle et *a minima* en adressant par exemple une fois par an le rapport annuel ou le rapport RSE à l'ensemble de ces publics. Elles peuvent se construire dans le cadre des procédures réglementaires officielles (autorisations d'exploitation, contrôles de sécurité…). L'entreprise pourra utilement créer elle-même des occasions d'échange et de transparence, de manière volontaire et proactive : rencontre individuelle, journée portes ouvertes, colloque, réunion d'information...

Kyoto (protocole de)

Entré en vigueur en février 2005, le protocole de Kyoto est l'un des textes fondateurs de la gouvernance* internationale sur le climat. Il concrétise la prise de conscience internationale du risque de changement climatique. Ratifié par cent soixante et un pays, à l'exception notable des États-Unis et de l'Australie, il vise à stabiliser au niveau mondial la concentration des gaz à effet de serre (dont le dioxyde de carbone, le méthane...), considérés comme principaux responsables du réchauffement climatique. Chaque pays doit faire l'inventaire de ses émissions et présenter ses programmes d'actions visant à les réduire. Trente-huit pays industrialisés se sont engagés à réduire leurs émissions de dioxyde de carbone d'environ 5 % (par rapport au niveau de 1990) d'ici à 2012.

Au niveau national, le « plan climat » intègre et complète les impératifs définis dans le protocole de Kyoto pour la France : un registre des émissions polluantes permettant de dresser une synthèse nationale a été élaboré et est accessible au grand public *via* un site Internet mis en place par le ministère de l'Écologie. Chaque année, sont rendus publics les chiffres d'émissions de CO2 de la France.

Contrainte ou opportunité*, la sensibilisation et l'information sur l'impact environnemental des activités économiques constituent un nouveau champ de responsabilité* tant pour les pouvoirs* publics que pour les entreprises. Les campagnes publiques et actions de sensibilisation à l'écoresponsabilité se multiplient. Les entreprises pourront y voir le moyen de faire d'une contrainte un avantage concurrentiel : le dispositif « Étiquette Énergie », permettant aux consommateurs d'éclairer leurs achats en fonction d'un indice de consommation d'énergie de A à G, s'impose progressivement pour l'ensemble des produits consommateurs d'énergie. Après les produits électroménagers, il devient un élément d'information obligatoire pour les voitures… L'écoperformance devient un nouvel enjeu de croissance et de confiance (image, réputation*) pour les acteurs publics et privés.

▶ *voir aussi* CHARTE DE L'ENVIRONNEMENT

L

Label

Les crises suscitent des évolutions réglementaires : durcissement des normes*, intensification des contrôles, obligations de rendre des comptes… Elles visent d'abord à réduire le risque, à accroître la sécurité et la qualité des produits ou services ; elles agissent aussi comme autant de gages devant préserver ou restaurer la confiance vis-à-vis d'un secteur et de ses acteurs. Dans leurs applications « grand public », ces nouvelles dispositions donnent souvent lieu à un habillage « commercial » de réassurance pour l'utilisateur ou le consommateur : le label de qualité. Au moment de la crise de la « vache* folle », le label VBF (viande bovine française) s'affichait fièrement comme un rempart à la psychose*, comme un symbole qualité de reconquête d'un marché à l'abandon. Les labels qualité certifient en général une origine et des conditions de production particulières et contrôlées (label Bio). Les écolabels visent eux à distinguer les produits ou services garantissant un impact environnemental réduit (NF environnement). Signe extérieur de bonne pratique (qualité, sécurité, respect environnemental...), les labels trouvent leur expression sous la forme de logos facilement identifiables par les consommateurs. Les normes de réduction des risques deviennent des éléments discriminants sur des marchés sursaturés. Face à une opinion publique de plus en plus vigilante et citoyenne, elles deviennent des supports de communication à part entière.

Lobbying

En France, activité inavouée, face dissimulée de la communication, le lobbying s'est longtemps « caché ». Le rapprochement qu'il exerce entre milieux politiques et milieux économiques n'a jamais été bien perçu ni même bien compris. Il en va très différemment dans la plupart des autres pays où le lobbying est non seulement une pratique transparente, mais aussi un vecteur très utile de partage de l'information. Formalisés ou non, les lobbys ou groupes d'intérêt ont toujours existé et tenté d'influer sur les décisions. L'objectif premier est de partager les informations, les données techniques, notamment avec les décisionnaires publics. Le pire pour une organisation est de se voir imposer une décision sans avoir pu faire entendre son point de vue. Nombreuses sont les prises de conscience et les évolutions réglementaires, aujourd'hui saluées, survenues à force d'interventions et grâce à la mobilisation de groupes de pression. Le lobby « environnemental » en est un exemple criant. La directive REACH (récent projet de loi visant à renforcer l'obligation de preuve faite aux industriels de témoigner de l'innocuité des produits chimiques utilisés dans la vie courante) est à ce titre éloquente : elle témoigne de l'influence des ONG environnementales sur la mise en œuvre d'un processus nouveau d'évaluation des molécules chimiques.

Le lobbying est une activité non-partisane. Elle s'exerce de toutes parts, pour servir des intérêts divers, divergents. Par l'expression de groupes constitués par centre d'intérêt, elle permet au monde économique, comme à la société civile, de faire valoir ses arguments, ses contraintes ou requêtes auprès des décideurs publics. Partant du principe que chaque organisation est porteuse d'une part de l'intérêt général, cette activité contribue efficacement à la prise de décision publique. À l'inverse, les détracteurs du lobbying feront valoir que la prévalence d'intérêts particuliers, plus ou moins bien défendus en fonction des ressources de ses porteurs, peut à l'excès faire peser une menace sur la nécessité pour les responsables politiques d'assurer la primauté de l'intérêt général.

Au même titre que les organisations* non-gouvernementales, les entreprises s'organisent donc, seules ou dans le cadre de leurs structures interprofessionnelles ou de *think tank* (groupe de travail; littéralement : «réservoir d'idées»). Elles développent des «stratégies d'influence» ou, plus modestement, des plans de lobbying visant à identifier les interlocuteurs clés de la décision politique et publique (aux plans local, national et européen) afin de pouvoir faire entendre leur voix dans les débats qui concernent leurs activités. Ce lien tissé avec les autorités* publiques, ces échanges créés sont aussi un socle d'acquis, utiles quand la crise survient : plus le socle est solide, ancien, mieux l'organisation pourra dialoguer avec les pouvoirs publics.

m

Marque

La marque est devenue l'un des actifs les plus importants des entreprises mais aussi des organisations non-commerciales. La marque n'est pas seulement un outil commercial, elle capitalise la notoriété et la réputation*, ce qui en fait sa valeur*.

Les marques ont une valeur très importante depuis bien longtemps, mais l'évolution récente des normes comptables en France a permis de beaucoup mieux appréhender leur valorisation. Cette évolution nous vient des pays anglo-saxons qui depuis plusieurs années évaluent les marques. Les marques sont donc valorisées, et elles valent très chères. À titre d'exemple, la marque Coca-Cola était estimée, en 2005, à 67 milliards de dollars, la marque Louis Vuitton à 17 milliards de dollars, ou encore la marque L'Oréal à 6,4 milliards de dollars. Plusieurs marques françaises dépassent le seuil du milliard d'euros. Elles entrent pour une part non-négligeable dans la valorisation globale de l'entreprise.

Pour les organisations non-commerciales, l'exercice de la valorisation n'a pas de sens. Néanmoins, la force de la marque peut se traduire dans de très nombreux domaines : leur capacité à attirer les talents, à nouer des partenariats, à obtenir des financements des autorités* publiques... Les avantages d'une marque forte pour une organisation non-commerciale sont innombrables, mais parfois sous-estimés.

En amont d'une crise, la marque protège une organisation de la crise, dans le sens où elle peut en limiter la propagation. Elle limite les effets d'entraînement qui aboutissent à une crise médiatique d'envergure.

En aval, la marque peut atténuer les impacts* de la crise, notamment sur les ventes. Elle joue un rôle déterminant dans la relation avec les clients et les publics clés par sa capacité à rassurer et à crédibiliser un message d'information. À condition qu'elle soit forte et connue, la marque aide à mieux gérer la sortie* de crise et accélère la reconquête.

Mais il y a aussi l'effet pervers des marques. La marque attire et focalise l'attention du public et des médias, elle peut donc devenir l'œil du cyclone. Est-ce qu'un fabricant de chaussures de sport aurait été attaqué sur les conditions de travail des ouvriers chinois, comme l'a été Nike, si la marque n'avait pas été aussi puissante ? Il est vraisemblable que non. La marque est un capital important à protéger pendant les crises et cet impératif est d'autant plus grand que les entreprises ont un nom éponyme de leur marque phare. C'est le cas de nombreuses entreprises dans tous les secteurs – un des exemples les plus connus en France est peut-être Danone.

En définitive, la marque est un des actifs les plus importants des organisations, un actif qui mérite d'être protégé par un dispositif de prévention des risques* adéquat.

Malveillance

La malveillance est la volonté de nuire à une organisation. Son origine peut être interne ou externe. Dans le premier cas, il peut s'agir du ressentiment d'un collaborateur qui agit contre les intérêts de l'organisation qui l'emploie ou l'a employé. Il cherche alors à nuire par des moyens qui peuvent prendre la forme d'une dénonciation de faits compromettants (vrais ou faux) ou en colportant des rumeurs* et en révélant des pratiques non-éthiques ou illégales. Mais cela peut aussi aller jusqu'au sabotage de ses processus de fabrication ou de ses produits. L'industrie agro-alimentaire est parfois confrontée à des cas de contaminations de produits par des substances dangereuses introduites par des salariés malveillants. Il s'agit le plus souvent de simples menaces.

Dans le cas d'une malveillance externe, il peut s'agir d'actions d'opposants déclarés à l'organisation ou à sa production. À titre d'exemples, les organismes qui pratiquent des tests scientifiques ou médicaux sur des animaux sont régulièrement soumis à des actes de malveillance de la part des défenseurs des animaux.

Les attaques provenant d'opposants sont finalement assez courantes et l'on peut probablement dire qu'elles se développent. Il y a eu l'exemple très médiatique des actions de la Confédération paysanne, emmenée par José Bové, contre les restaurants McDonald's. Par ces actions, le syndicat agricole a stigmatisé le leader mondial de la restauration rapide non seulement pour la qualité de ses produits (la « malbouffe »), mais aussi pour ce qu'il incarne : industrialisation de la restauration et mondialisation des habitudes de consommation alimentaires. Dans cette crise, l'acte de malveillance (le « démontage » du McDonald's de Millau, dans l'Aveyron) est le déclencheur qui permet de diffuser un discours, de mener un combat.

Une autre forme de malveillance externe provient de la concurrence entre les entreprises, qui est souvent rude. Si les cas débouchant sur des crises semblent augmenter parce que les entreprises ont pris l'habitude de « s'attaquer » avec toutes les armes dont elles disposent, les « preuves » sont très rares et les acteurs sont évidemment très discrets sur ces affaires.

Media training ▸ *voir* Training

Médiaricature

Caricature médiatique. La nécessaire simplification qu'impose le format médiatique conduit parfois les médias à caricaturer une situation, un événement, un enjeu.

Il faut admettre aujourd'hui que nous sommes pleinement dans l'ère de l'information et que celle-ci prend chaque jour davantage les apparences de la communication. Il ne faut pas le déplorer ! En effet, davantage d'information, c'est aussi davantage d'éducation. Plus de communication, c'est plus d'écoute et de dialogue. Ce sont des acquis fondamentaux à mettre au crédit du monde moderne et des technologies.

Pourtant, depuis quelques années, c'est à un phénomène d'une toute autre ampleur auquel nous sommes confrontés : l'excès des passions supplante la réalité des faits, et parfois même la raison. C'est cette tendance lourde – comme diraient les spécialistes de l'opinion – qui provoque l'accélération des crises : « vache* folle », SRAS*, mortalité des abeilles, grippe* aviaire... Banalisation des crises installées dans le temps, même si elles sont dramatiques : famine, tuberculose, paludisme... Victoire de l'éphémère, succès des informations « événementielles ». Emballement pour de nouvelles causes dont personne ne connaît rien mais qui ont une portée émotionnelle nouvelle et forte.

Beaucoup de leaders d'opinion – les journalistes en premier, scientifiques, experts, responsables politiques... – semblent aujourd'hui regretter que l'ère de l'information soit derrière nous. Déjà s'impose aux masses et aux élites l'ère de la médiaricature. Face à cette déferlante, le rationnel perd prise, l'irrationnel règne. La communication de crise doit prendre ce phénomène en compte. Au lieu des arguments objectifs et techniques, les organisations devront parfois privilégier l'affectif pour être audibles.

Mesure : baromètre, sondage...

Pour mieux maîtriser la gestion de la crise, il faut se doter des outils de mesure de l'opinion qui permettent d'affiner ou même de mieux comprendre les perceptions que les publics* cibles peuvent avoir d'un événement, d'une crise.

La préparation à la communication de crise implique qu'en amont les organisations disposent de mesures sur des critères qui seront importants lors d'une crise : l'évaluation de la réputation*, la perception des valeurs*, la compréhension des attentes de l'opinion publique ou des publics cibles... Ce travail préparatoire vise à mieux comprendre comment l'organisation est perçue et, donc, à mieux cerner les points de force sur lesquels s'appuyer et les éventuels points de faiblesse à surveiller. Les entreprises réalisent ces évaluations assez régulièrement pour leurs produits afin de mieux les vendre ; elles le font rarement pour elles-mêmes.

Une crise plonge l'organisation concernée dans une actualité bouillonnante, les acteurs sont « dans le feu de l'action ». Le contexte ne permet pas d'avoir le recul nécessaire pour bien apprécier la notoriété de l'événement et bien comprendre les perceptions des publics clés. Il faut réaliser une étude d'opinion avec un institut de sondage. L'objectif est de connaître la notoriété de la crise, la compréhension du sujet, les attentes du public... Des études complémentaires peuvent être menées sur des publics spécifiques, sous la forme de sondage (pour les publics larges), ou bien sous la forme d'entretiens individuels (pour les publics beaucoup plus restreints). Les résultats obtenus permettront d'infirmer ou de confirmer la stratégie* de gestion et de communication de crise. Dans le cas où la crise s'étale dans le temps, on peut alors envisager de mettre en place un baromètre permettant, sur la base des mêmes questions, d'interroger l'opinion publique à intervalle régulier. L'objectif est alors de mesurer les évolutions de l'opinion publique et, donc, de mesurer l'impact des décisions stratégiques prises.

En aval, une fois sorti de la crise, il convient aussi de mesurer les impacts* de la crise et ses évolutions. Les acteurs de la crise doivent s'appuyer sur ces outils d'analyse de l'opinion pour mieux cerner les impacts durables que la crise a provoqués.

Ces analyses doivent fournir des éléments rationnels d'aide à la prise de décision et permettre d'éviter une gestion unilatérale* de la crise.

Mobilisation

C'est l'un des trois mots clés de la gestion et de la communication de crise, avec la transparence* et l'empathie*. La pire des réactions face à la crise est... de rester sans réaction (quelle qu'en soit la raison), ou de réagir trop tardivement. On ne pardonne plus l'inaction face aux crises. D'ailleurs, bien des crises ont connu une grande ampleur moins en raison de l'événement qui les a provoquées que par l'absence de réaction immédiate de l'organisation concernée. L'exemple caricatural est la gestion de la crise de la canicule* par le ministre de la Santé, Jean-François Mattei.

La crise créée une émotion, une peur dans l'opinion publique. La négliger, ou donner le sentiment de la négliger, suscite des réactions d'incompréhension qui enveniment la situation et créent des tensions. Il faut donc réagir et l'organisation doit se mobiliser vite, très vite.

Se mobiliser veut dire agir pour corriger les faits qui ont provoqué la crise, mais aussi pour réparer les impacts* de la crise ; donner le sentiment de prendre en considération l'événement et de faire face à la situation. De ce fait, la mobilisation suppose aussi de montrer et faire savoir que l'organisation est complètement tournée vers ces objectifs.

Pourquoi la mobilisation est-elle aussi importante ? Simplement, parce que face à la crise, l'opinion publique a besoin d'être rassurée, les médias ont besoin d'explications et des preuves de l'engagement* de l'organisation. Dans les crises, la faute ou l'erreur sont moins « graves » ou moins durement jugées que la négligence*, l'irresponsabilité ou l'avidité. On attend que chacun assume ses responsabilités. Mais la particularité des crises d'aujourd'hui est que le concept de responsabilité* va au-delà du seul enchaînement de causalité. On peut donc avoir raison techniquement et juridiquement, mais tort médiatiquement.

C'est principalement là que se situe la difficulté de gérer une crise. Les organisations peuvent ne pas être responsables de la crise ; elles peuvent ne pas se sentir concernées ; ou bien elles peuvent se concentrer sur la gestion des impacts de la crise – sans prendre en considération l'environnement extérieur, les perceptions de l'opinion publique, des médias et des publics* cibles... Elles commettent néanmoins une erreur stratégique.

Se mobiliser et montrer sa mobilisation, c'est donc faire la preuve que l'on a compris l'émotion suscitée par une crise et assumer ses responsabilités.

Mouvements sociaux ▸ *voir* Grèves

Nationalité des crises

Il ne s'agit pas ici de savoir quelles sont les origines (géographiques) des crises, mais plutôt de comprendre les différences de perception selon les pays et les différences éventuelles dans la gestion des crises. L'internationalisation des phénomènes crisogènes conduit à se demander si les crises d'ici en sont aussi ailleurs et inversement.

Il est très difficile de répondre à cette question, tant les réponses sont variables selon la nature des crises. On constate simplement qu'il commence à y avoir des phénomènes « mondiaux » sur certains risques : le film *Super Size Me* contre McDonald's a bien eu une portée mondiale, mais celle-ci était néanmoins limitée aux pays les plus développés ; la mobilisation contre la déforestation a engendré des crises pour plusieurs acteurs dans de nombreux pays ; les productions hollywoodiennes dénonçant certaines filières (comme celle des diamants) ont bien un impact mondial. Mais dans ces trois cas, les crises sont loin d'avoir un impact dans la plupart des autres pays du monde.

Sur les crises dites «transverses» – transcontinentales et transsecteurs d'activité, souvent d'origine sanitaire –, les comparaisons sont plus aisées. Par exemple, est-ce que la crise de l'ESB a eu le même «traitement» et les mêmes impacts dans tous les pays? Est-ce que le SRAS* a eu la même importance en France qu'en Europe? En Europe qu'en Asie?

L'analyse de ces récentes grandes crises – bien que difficile – laisse apparaître une tendance à une relative homogénéité des crises au sein des pays de l'Union européenne. Dans les cas du SRAS, de la grippe* aviaire, de l'ESB, les comportements des acteurs européens (gouvernements*, autorités* sanitaires, médias, opinion publique...) ont été relativement proches. Une même convergence s'observe pour les crises sociales, notamment lors des fermetures de sites industriels ou les délocalisations.

C'est la convergence des préoccupations des opinions publiques qui explique ce phénomène, que l'on constate aussi en Europe pour des crises de moins forte intensité médiatique. D'ailleurs, les réactions des gouvernements, des autorités réglementaires et les actions menées par les associations ou les ONG* sont chaque jour davantage transeuropéennes. La capacité des associations à se mobiliser sur un sujet susceptible de déclencher une crise ne se limite plus aux frontières d'un seul pays. En d'autres termes, l'internationalisation des activités économiques engendre une internationalisation des crises. Il s'agit bien ici d'une convergence des réactions en Europe face aux crises et non pas d'une homogénéisation. Il y a bien souvent des réactions propres à chaque pays en raison de ses particularités.

Cette convergence est moins visible en dehors de l'Europe. En effet, les crises sont très différentes en Europe, aux États-Unis ou en Asie. Les récentes grandes crises dites « transverses » (celles qui ont touché tous les continents et qui ont fait l'objet d'un traitement politique et médiatique important) ont été gérées de manières très différentes sur ces trois continents. De nombreux pays d'Asie ont, face aux crises, choisi d'en nier l'existence ou les ont minimisées. Cette posture des États a indéniablement été facilitée par une absence de mobilisation/sensibilisation de leur opinion publique sur ces sujets et le silence complaisant de leurs médias.

Enfin, les crises qui touchent les pays développés ne sont pas nécessairement perçues comme telles dans les pays en voie de développement (en Afrique, au Moyen-Orient, en Asie centrale).

En conclusion, les organisations de taille internationale doivent prendre en compte la « nationalité des crises ». Une crise peut apparaître dans un pays et ne jamais « exister » dans un autre. En dépit d'un début de convergence qui s'opère au sein des pays développés, les différences restent significatives d'un pays à l'autre. Elles restent très importantes d'un continent à l'autre.

Nature des risques, des crises : typologie

Il existe des risques* ou des crises de natures très différentes. Cette diversité des risques existe au sein de chacune des organisations. Il y a bien sûr les risques liés au « cœur d'activité » des organisations ; ce sont en général ceux qui sont les plus connus et les mieux pris en compte (les mieux couverts). Il y a ceux qui sont partagés par toutes les organisations (quelle que soit l'activité). Enfin, il y a les risques périphériques au cœur d'activité et spécifiques à chaque organisation : les risques d'image et de réputation*.

Dans l'exercice nécessaire de recensement des risques, il convient de les classer par typologie, même si la nature commune de risques ne constitue pas un indicateur sur leur probabilité et sur leurs impacts*. En clair, des risques peuvent appartenir à la même famille sans avoir le même potentiel de gravité*.

Mais les regrouper par famille présente l'intérêt de mieux organiser la manière de les anticiper et de les couvrir (risques) ou de les traiter (crises). Cela permet aussi de distinguer les risques internes de ceux qui dépendent de l'externe (fournisseurs, réglementaires, concurrents, clients, groupes de pression...). Le regroupement par famille doit permettre au sein de chaque organisation l'identification des responsables (les porteurs du risque) et, donc, faciliter l'élaboration des plans d'action visant à corriger les facteurs de risque.

Parmi les grandes familles de risques, on compte notamment les risques financiers, d'organisation, de production, sanitaires, accidentels... La classification permet de bien distinguer les risques du cœur d'activité – que la grande majorité des organisations sait gérer et dont elle sait réduire la probabilité de survenance – des risques périphériques. Ces derniers, souvent les plus ravageurs, sont généralement mal appréhendés, mal compris et donc mal anticipés. Le travail de classement par typologie aide à mieux cerner la diversité des risques.

▶ *voir aussi* ANTICIPATION, CARTOGRAPHIE, GRAVITÉ (MESURE DE LA)

Négligence

De nombreuses crises ont pour origine (ou déclencheur*) la négligence humaine : elle peut être individuelle (l'erreur) ou collective (inscrite dans un système ou un mode opératoire). Ainsi la négligence est-elle bien souvent le résultat de deux processus très différents. Dans le premier cas, c'est l'erreur humaine, qu'elle soit directement à la source d'une crise ou à l'origine du processus qui génère la crise. On précisera qu'il s'agit assez souvent non pas d'une seule erreur, mais d'une succession de négligences qui provoque la crise. Dans le second cas, la négligence est collective, il s'agit surtout d'un « refus de voir ou d'agir » des responsables d'une organisation quant à ses failles ou à ses expositions aux risques*. Il existe de nombreuses études approfondies sur les négligences humaines et leurs conséquences qui, pour l'essentiel, tendent à prouver que c'est l'une des causes majeures de la survenance des crises.

Ces deux processus sont très différents dans leurs natures, mais aussi dans la façon de gérer leurs éventuelles conséquences. D'une manière caricaturale, on pourrait dire que l'organisation « victime » d'une erreur humaine interne sera responsable de ses conséquences mais, face à l'opinion publique, le grief sera probablement moins fort, selon l'adage qui dit que « l'erreur est humaine ». Dès lors, l'organisation sera autant jugée sur sa manière de gérer la crise que sur la cause de la crise.

A contrario, la négligence par refus de voir ou d'agir suppose au mieux une « irresponsabilité » de la part de l'organisation, au pire une forme de mépris. Or, c'est justement ce que l'opinion publique n'admet plus. Il convient ici de rappeler que, selon l'étude d'opinion de l'Observatoire* des risques sanitaires réalisée en octobre 2005, 77% des Français considèrent que l'on peut éviter les crises. Les organisations se doivent donc de tout mettre en œuvre pour circonvenir au maximum l'émergence des risques. De nombreuses crises ont connu une ampleur dévastatrice parce que l'organisation concernée a refusé d'accorder l'importance nécessaire à un événement considéré comme mineur.

Dès lors, les dispositifs de prévention de risques, qui supposent non seulement une identification des risques mais aussi et surtout l'élaboration des plans d'action visant à contenir ces risques, sont extrêmement utiles. D'abord, évidemment pour réduire la probabilité de transformation des risques en crises, ensuite pour limiter l'impact* d'une crise et la contenir dans les meilleures conditions. Mais aussi, lorsque la crise survient, pour mener une démarche pédagogique sur les mesures de corrections prises et, surtout, pour que l'organisation puisse justifier de son attitude responsable.

Dans tous les cas, les organisations doivent non seulement tout faire pour limiter les risques de négligences individuelles et collectives, mais elles doivent aussi pouvoir justifier durant la crise qu'elles avaient fait de leur mieux en amont de l'événement déclencheur.

Normes

Une norme est généralement établie par consensus des experts* ; elle fournit pour des biens ou des usages communs des règles, des seuils ou des caractéristiques, garantissant une utilisation

ou un résultat optimal dans un contexte donné. Les normes sont produites essentiellement par des instances de normalisation qui peuvent être internationales, européennes ou nationales. Au niveau international intervient l'ISO *(International Organization for Standardization)*, au niveau européen le CEN (Comité européen de normalisation) et l'AFNOR au niveau national (Association française de normalisation). Les normes élaborées par ces trois organismes sont appliquées de manière volontaire par les organisations.

Il y a les normes règlementaires (NF, norme française) qui s'imposent à tous dans la fabrication/réalisation et la commercialisation de biens et de services. Elles définissent des critères ou des seuils qui assurent le maximum de sécurité et de protection pour les usagers.

Il y a une multiplication des normes qui s'explique en partie en raison du progrès scientifique ; l'état des connaissances permet aux autorités de mieux cerner les risques et, donc, de définir de nouveaux critères de protection. L'autre raison principale est la demande croissante de précaution dans l'opinion publique, à laquelle les autorités publiques répondent par l'établissement de normes. L'abondance des normes est la résultante du progrès scientifique qui permet de mieux évaluer et mesurer les impacts sur l'environnement* (au sens large) et la santé. Elle est aussi une réponse de la société aux inquiétudes et à la nécessité de ne pas s'exposer aux risques sans savoir.

Il existe donc désormais de très nombreuses normes (de fabrication, d'usage, d'exposition) qui définissent des seuils au-delà desquels la présence de tel ou tel produit est « interdite » ou considérée comme dangereuse en raison des incertitudes scientifiques.

L'amélioration des connaissances et la multiplication du nombre de normes font diminuer les risques auxquels nous sommes exposés. Pourtant, le nombre des crises augmente et leurs impacts s'intensifient. En partie parce que la part de l'irrationnel et le poids de la vigilance de l'opinion publique ne cessent de s'amplifier ; en partie en raison même du nombre croissant des normes. En effet, pour être respectées par les organisations, ces normes doivent être connues et comprises. Il faut s'assurer que l'ensemble des activités répond à la multitude de normes existantes et effectuer des contrôles réguliers. De cette multiplication des mesures et des contrôles naissent des risques* nouveaux (non-respect des normes, défaillances, contrôles non-effectués…). Toutes les organisations y sont exposées.

Par ailleurs, ces normes ont rarement une signification pour l'opinion publique. Elles peuvent donc, à ce titre, être source d'inquiétude. Par exemple, lorsqu'on évoque des seuils maximaux de présence d'une substance, rares sont ceux capables de les situer sur l'échelle des risques.

Enfin, les normes sont elles-mêmes l'objet de contestations au sein de la communauté scientifique ou d'experts. En l'absence de consensus absolu de la part des « détenteurs du savoir », le doute peut se propager facilement et le risque de crises d'opinion* augmenter.

Observatoire des risques sanitaires

Les crises font l'objet d'un traitement médiatique soutenu, mais finalement les perceptions des risques et des crises sont assez mal connues. L'Observatoire des risques sanitaires, créé en septembre 2005, a deux objectifs principaux : mieux connaître les perceptions de l'opinion publique sur les grandes questions que soulèvent les crises, et créer un lieu d'échanges entre les principaux acteurs des crises (experts scientifiques, journalistes, fonctionnaires, responsables d'entreprise, spécialistes des études d'opinion...). Une première étude a été réalisée en novembre 2005 ; la seconde en décembre 2006.

Les résultats obtenus permettent de tirer des enseignements très instructifs :

• Les crises majeures dont les Français se souviennent spontanément le plus sont : la « vache* folle », le sida, le sang contaminé et la grippe* aviaire.

• L'inquiétude des Français est assez élevée et elle augmente de 2005 à 2006. On note également que les risques méconnus et éloignés (dans le temps et géographiquement) inquiètent dans des proportions importantes les Français. Les risques qui inquiètent le moins ne sont pas les moins dangereux, mais ceux qui sont les plus « assumés », les plus banalisés et les plus connus d'entre nous (comme les risques domestiques).

• On retiendra aussi que les Français pensent très majoritairement que l'information en période de crise reste floue, peu transparente, tardive.

• Enfin, sur la crédibilité des acteurs de la crise, le résultat est terrible pour les corps constitués et les relais d'opinion. Les Français n'accordent leur confiance qu'aux scientifiques et aux associations et organisations internationales. Les médias et les syndicats échappent à la méfiance totale, contrairement aux responsables politiques (Gouvernement, parlementaires, élus) et aux entreprises.

Étude OpinionWay pour l'Observatoire des risques sanitaires de décembre 2006 : étude quantitative réalisée en ligne du 28 novembre au 4 décembre 2006 auprès d'un échantillon de 1 023 personnes, représentatif de la population française âgée de quinze ans et plus en termes de sexe, âge, catégorie socioprofessionnelle et catégorie d'agglomération.

Opinion (crise d')

Si la nature des crises a changé depuis environ une dizaine d'années, c'est bien parce que le rôle de l'opinion publique a également profondément changé. L'avènement de la « démocratie* d'opinion » a un impact considérable dans la gestion des crises. De plus en plus, l'émergence des nouvelles crises est le résultat des évolutions de l'opinion et de ses préoccupations. Par sa sensibilité ou sa vigilance, l'opinion publique réagit ou fait réagir violemment aux risques auxquels elle se sent exposée.

Son rôle est essentiel aussi – et peut-être même surtout – dans la gestion des crises. Désormais, on distingue les crises d'opinion (ou les crises médiatiques) des crises habituelles générées par un fait dramatique. On évoque souvent le terme « crises d'opinion » pour désigner ces crises où le risque n'est pas avéré (ou faible). On ne sait pas avec exactitude s'il y a un danger ou non (ou si le fait générateur est réel ou non) ; on ne sait pas mesurer l'impact. Pourtant, ces crises suscitent une couverture médiatique large, se faisant ainsi l'écho des préoccupations de l'opinion.

Le facteur « opinion publique » provoque trois conséquences majeures pour les crises : permettre une ampleur disproportionnée avec le sujet, faciliter la déconnection avec la réalité des faits ou des impacts et rendre possible la modification massive des comportements (des citoyens, des consommateurs, des clients...). Ces trois conséquences ne sont pas exclusives les unes des autres. Elles peuvent même être cumulatives.

La dimension « opinion » doit donc être totalement prise en compte par les responsables des organisations pour mieux anticiper les crises. Cela suppose de s'interroger sereinement sur les perceptions que l'opinion publique peut avoir de l'organisation en question, de son secteur d'activité ou des grandes thématiques qu'elle traite. Il faut le faire en veillant à détecter les points de faiblesse ou de fragilité qui pourraient se retourner contre l'organisation confrontée à la crise.

De la même manière, dans le temps de la gestion de crise, il convient d'être extrêmement vigilant sur la manière dont l'opinion publique (et les médias qui en sont les relais) peut percevoir les événements. Chaque décision, chaque action, chaque déclaration doit être pensée en fonction de l'impact qu'elle aura dans l'opinion publique. Pour cela, il ne faut pas hésiter à mesurer ce que pense l'opinion publique (au travers de sondages, notamment) au fil des développements de la crise, pour bien comprendre ses évolutions, ses attentes, ses craintes.

La mauvaise maîtrise du facteur « opinion » entraîne une gestion de crise qui peut être aussi dangereuse que l'élément déclencheur* de la crise lui-même.

▶ *voir aussi* DÉMOCRATIE D'OPINION, MESURE : BAROMÈTRE, SONDAGE..., RÉPUTATION

Opportunité

Il n'est pas inutile (ni même indécent) de penser « opportunité » lors d'une crise. Au contraire ! L'exemple connu de la traduction du mot « crise » en chinois *(wei ji)*, constitué de deux idéogrammes, « danger/risque » *(wei)* et « occasion/opportunité » *(ji)*, nous rappelle cette vérité éternelle : d'une crise peuvent naître des opportunités.

Le phénomène de la crise est souvent un révélateur : révélateur des personnalités des acteurs confrontés à la crise, révélateur des forces et faiblesses de l'organisation (en interne comme en externe), révélateur enfin de l'image de l'organisation auprès des relais d'opinion et du grand public. La crise met en quelque sorte à nu la nature même de l'organisation.

C'est l'une des raisons pour laquelle savoir gérer la crise est aussi important. Gérer une crise dans un esprit d'état de siège conduit l'organisation à commettre des fautes qui amplifieront la crise. Cette attitude laissera également une marque profonde sur l'image de l'organisation et de ses dirigeants (en interne comme en externe).

Gérer la crise, c'est s'offrir la chance de pouvoir saisir les occasions (l'opportunité) qu'elle créé en laissant une marque positive (au sens d'une trace, d'un message, d'une image, d'une posture), car la réaction à la crise sera interprétée. Par son attitude, en prenant des initiatives fortes, l'organisation peut retourner une situation de crise à son avantage pour créer de la valeur (de marque*, financière...).

Mais au-delà des opportunités pendant la crise, il y a celles qui résident dans les conséquences que l'on peut tirer d'une crise (la période de post-crise). Toute crise doit faire l'objet d'un debriefing pour comprendre (avec le recul nécessaire) les raisons de son émergence et envisager les mesures correctrices à prendre pour en gérer les conséquences. « Quelles leçons tirer de la crise ? Dans notre organisation ? Dans notre image/réputation* ? Dans notre offre ? Dans notre positionnement ? Comment reconstruire, reconquérir ? »

Un exemple très intéressant illustre bien le concept de *wei ji*. Les sacs plastique qui polluent la nature ont suscité une polémique qui a trouvé son issue dans la disparition des sacs de caisse dans la plupart des grandes enseignes de la distribution. La décision de la grande distribution a évidemment provoqué une crise chez les fabricants de sacs plastique. Le leader européen des emballages plastique, le groupe SPhere, a décidé de saisir cette crise pour en faire une opportunité : généraliser le bioplastique (en matière renouvelable et biodégradable) pour les usages d'emballage et de sacs. Le bioplastique présente un avantage écologique évident grâce à sa biodégradabilité très rapide, mais il est aussi un formidable avantage compétitif pour faire face à la rude concurrence asiatique. En effet, les sacs plastique consommés en Europe sont de plus en plus fabriqués en Asie et l'industrie européenne disparaît progressivement. Or, les fabricants asiatiques ne savent pas encore transformer les matières végétales en plastiques. Les bioplastiques sont ainsi le meilleur moyen pour les industriels européens de maintenir en Europe leur production et ainsi de résister à la compétition internationale.

Organisations non-gouvernementales

Les ONG sont de plus en plus nombreuses et jouent un rôle toujours plus important. Derrière cette dénomination se trouvent toutes formes d'associations nationales ou internationales, souvent avec des objectifs louables et faisant œuvre utile.

Les ONG ont des atouts stratégiques qui font leur force. Elles bénéficient d'une image autrement plus gratifiante que la plupart des entreprises et même des administrations, ce qui leur confère une crédibilité très forte auprès du grand public. Elles sont animées par des objectifs militants, ce qui en fait des acteurs redoutables. Elles disposent de moyens importants et s'appuient parfois sur des relais internationaux.

Sur la base de ces avantages, elles occupent un espace délaissé par les organisations supranationales ou par les États : celui de la vigie. Elles militent en faveur d'un sujet, elles défendent des intérêts, elles surveillent les comportements des grandes organisations, des entreprises ou des États. Ce contrôle est nécessaire. Ainsi, l'une de leur vocation est d'alerter sur des excès ou des dérives.

Déconnectées d'intérêts particuliers, elles peuvent librement dénoncer ceux qui exposent les populations à un danger réel ou supposé. Leurs actions et interventions peuvent apporter un éclairage utile, une contribution nécessaire au débat public. C'est comme cela que les organisations visées doivent le comprendre. Dans cette logique, un travail d'anticipation* peut être entrepris avec les ONG par toutes les organisations. Il s'agit d'instaurer un dialogue en amont, parfois même un partenariat, avec une ONG, ce qui peut présenter bien des avantages. Dès lors, des actions correctrices peuvent être mises en œuvre d'une manière concertée.

Néanmoins, dans leur fonction de vigie, les ONG sont aussi à l'origine de crises, par la dénonciation de tel ou tel risque ou encore de tel ou tel comportement d'une organisation. La fonction crisogène de l'ONG peut être renforcée par la tentation de certaines de revêtir l'habit du justicier au nom d'une expertise réelle ou non, et de mener de faux combats. Il y a parfois des erreurs conscientes ou non (elles ne sont pas toutes dénuées d'intérêt) qui peuvent être commises lors des « batailles » que mènent les ONG. Dès lors, les organisations ciblées sont démunies, car les ONG ont des forces qui par contraste sont les faiblesses des organisations dans une gestion de crise. Aux yeux de l'opinion et des médias, elles ont raison et l'organisation ciblée à tort. La décrédibilisation du discours des autorités* politiques et institutionnelles confère une place essentielle aux ONG (surtout chez les moins de trente-cinq ans).

Une crise qui émerge à la suite de l'action d'une ONG est extrêmement difficile à gérer. La stratégie* de gestion de crise doit impérativement s'adapter au statut même des ONG et à leur mode opératoire. La raison ne s'impose pas face à l'émotion, la force de frappe juridique a des limites face aux actions militantes, l'aspect désintéressé d'une attaque l'emporte toujours face aux intérêts particuliers. Toutes ces dimensions doivent être prises en compte pour ne pas se laisser enfermer dans la posture du harcelé.

▶ *voir aussi* KOL

Peur

Une crise survient presque toujours par le biais d'un événement inattendu et inhabituel. Elle provoque très souvent une forme de peur chez les décisionnaires. D'abord, parce que malheureusement on y est rarement préparé, ensuite, parce que la crise suscite un stress violent et soudain par une forme de remise en question, de l'organisation et des décisionnaires. Enfin, la crise, c'est la grande inconnue, par ses causes parfois, par son issue toujours.

Mais la peur est toujours générée par les conséquences prévisibles de la crise : sur le plan humain (les pertes éventuelles), sur le plan économique (les pertes, voire la continuité de l'organisation), sur le plan professionnel (la responsabilisation, la stigmatisation, voire la sanction).

La préparation permet de mieux contrôler les réactions des acteurs et d'éviter une attitude assez banale parmi les décisionnaires en période de crise : ils «disparaissent» alors même qu'ils devraient être mobilisés, au sein d'une cellule* de crise par exemple, avec leurs équipes.

Ainsi, le sentiment de peur face à une crise n'est pas étonnant, mais il ne doit pas se transformer en handicap. Il faut donc veiller à ce qu'il ne perturbe pas la capacité à agir et à décider pour gérer la crise. L'une des conséquences de la peur se caractérise en effet par l'absence de lucidité sur les causes et les conséquences de la crise.

Ce «trouble» de la perception conduit nécessairement aux premières fautes de la gestion de crise qui entraînent son amplification : le refus d'admettre (la situation ou la responsabilité*) et le sentiment d'être «débordé» par les événements et de ne plus contrôler la situation. Les variantes du comportement humain sont alors innombrables, mais rarement adaptées à la gestion de crise.

L'antidote le plus efficace à la peur des acteurs de la gestion d'une crise est... la préparation. Avoir anticipé une situation de crise et s'être entraîné à la gérer, avoir défini des procédures, permet de s'appuyer sur des acquis (la reconquête par une situation connue) et de suivre un fil conducteur prédéfini en procédant par étape et dans l'ordre (l'assurance d'un chemin balisé).

Plans gouvernementaux

Le SGDN et les plans gouvernementaux

Le Secrétariat général de la défense nationale (SGDN) assiste le Premier ministre pour la préparation, la mise en œuvre et le suivi des décisions du Gouvernement en matière de politique générale de la défense, conformément au Code de la défense et au décret du 25 janvier 1978. Il participe au Conseil de sécurité intérieure.

Le SGDN est chargé d'élaborer la planification nationale de sécurité* ayant pour but d'anticiper les crises majeures et d'y répondre, et de veiller à la cohérence de la politique d'entraînement et de conduite des exercices*.

Ces plans s'appliquent à tous les échelons des différents ministères et services de l'État. Ils permettent de coordonner les actions entre les ministères et entre le niveau national et l'échelon régional.

Les plans gouvernementaux de lutte contre les actions terroristes

Le plan Vigipirate est un dispositif français de sécurité destiné à prévenir les menaces ou à réagir face aux actions terroristes. Créé en 1978 sous la présidence de Valéry Giscard d'Estaing, alors que l'Europe connaissait une vague d'attentats, ce plan a été actualisé en juillet 1995 et en juin 2000, puis refondu en mars 2003.

Tirant les fruits de l'expérience acquise au long de trois années de mise en œuvre et d'exercices nationaux ou locaux, le plan Vigipirate vient d'être révisé. Ses mesures d'application ont été réexaminées sans que soient modifiés ses principes de fonctionnement. Ce plan révisé est entré en vigueur le 22 janvier 2007.

Le plan Vigipirate définit quatre niveaux d'alerte* croissants : jaune, orange, rouge et écarlate.

À chacun de ces niveaux d'alerte est associé un objectif de sécurité, qui se traduit par la possibilité de mettre en place des mesures couvrant l'ensemble de la palette des risques.

Niveaux d'alerte du plan Vigipirate

Niveau jaune	Accentuer la vigilance, face à des risques réels mais encore imprécis, par des mesures locales avec le minimum de perturbations dans l'activité normale, et se mettre en état de passer aux postures des niveaux orange et rouge dans un délai de quelques jours.
Niveau orange	Prévenir le risque d'une action terroriste considérée comme plausible, fût-ce au prix de contraintes et de perturbations modérées dans l'activité normale, et se mettre en état de passer aux postures des niveaux rouge et écarlate dans un délai rapide.
Niveau rouge	Prendre les mesures nécessaires pour prévenir le risque avéré d'un ou de plusieurs attentats graves, comprenant des mesures de protection des institutions, et mettre en place les moyens de secours et de riposte appropriés, en acceptant les contraintes imposées à l'activité sociale et économique.
Niveau écarlate	Prévenir le risque d'attentats majeurs, simultanés ou non, pouvant utiliser des modes opératoires différents et provoquer des effets dévastateurs, et mettre en place les moyens de secours et de riposte appropriés ; des mesures particulièrement contraignantes peuvent être mises en œuvre.

Le plan Vigipirate constitue un pivot sur lequel s'appuient les plans d'intervention et de secours spécifiques aux risques terroristes. Ces plans spécifiques ont été remaniés en octobre 2003 pour être utilisés de façon plus cohérente et éventuellement simultanée. Ces plans d'intervention « Pirate » sont déclenchés par le Premier ministre en cas de menace précise ou d'attaque terroriste utilisant un moyen d'agression spécifique : Piratome pour une matière nucléaire ou radiologique, Piratox pour un produit chimique toxique, Biotox pour un agent biologique pathogène, Piranet pour une attaque sur les systèmes d'information, Pirate-mer contre le terrorisme maritime, Piratair-intrusair contre le terrorisme aérien, Pirate-ext en cas d'attaque contre des ressortissants ou des intérêts français à l'étranger.

Ces plans sont actualisés en fonction de l'évolution des menaces et des risques pesant sur la France. Ils définissent une structure de gestion de crise et de traitement des informations, ainsi que les actions que doivent entreprendre les autorités civiles et militaires, dont les unités spécialisées dans l'intervention antiterroriste et les forces spéciales. Ils servent de matrice à la réalisation d'exercices locaux (équipes et cadres de terrain), nationaux (les administrations centrales sont mises à contribution), et « majeurs » (avec la participation de ministres ou de leurs cabinets).

Porte-parole

Dans l'exercice d'une gestion de crise, une organisation doit toujours désigner un porte-parole – et peut-être même plusieurs, selon la nature de l'organisation et de la crise. Bien gérer une crise dépend pour partie de la réactivité (et même de la quasi-immédiateté) à répondre avec efficacité. Or, il n'est ni sérieux ni professionnel d'imaginer qu'un seul et même responsable puisse tout assumer d'une gestion de crise : définir la stratégie* à adopter, prendre les premières décisions d'urgence* et s'exprimer publiquement. La prise de parole nécessite non seulement de répondre à tous mais aussi de choisir ses mots et d'avoir un parfait contrôle de soi-même. Ceux qui pensent pouvoir assumer l'ensemble des charges que suppose une crise s'exposent à la réalité de la gestion des crises, stressante, inhabituelle, éprouvante. Très rares sont ceux qui peuvent donc assumer de front tous les volets d'une telle gestion.

S'il est préférable que le responsable d'une organisation en crise s'exprime pour les occasions stratégiques et importantes, il peut néanmoins s'appuyer sur un (ou des) porte-parole. Dans ce sens, le porte-parole ne doit pas être le décisionnaire principal, afin de préserver son temps, mais aussi sa parole, sa capacité d'expression. Enfin, le porte-parole doit avoir un « suppléant », pour le cas où !

La fonction du porte-parole est d'être en contact permanent avec les interlocuteurs externes et, donc, d'assurer une disponibilité totale. Pour cela, il doit en savoir autant ou presque que le « décideur » ; il a ainsi un rôle central au sein de la cellule* de crise. Le porte-parole devra être associé aux décisions, aux réunions clés, aux échanges de vues entre les décideurs et les parties prenantes. C'est dans ces conditions qu'il sera en mesure de retranscrire d'une manière fidèle aux publics* cibles la réalité de la situation et la position de l'organisation.

Être porte-parole ne s'improvise pas ; cela demande une préparation. D'abord, de la part même des principaux responsables des organisations qui doivent identifier ceux et celles qu'ils imaginent être les personnes idéales pour incarner cette fonction. Une fois désigné (hors période de crise, de préférence), le porte-parole doit être associé au travail de prévention des risques* : recueil de données, identification des risques, préparation de fiches d'information, entretiens avec les différents responsables concernés. Il doit également, en amont d'une crise, veiller à entretenir le cercle des « alliés » par des contacts réguliers avec les relais externes, et notamment les journalistes*.

Ensuite, le porte-parole doit intégrer les contraintes de la « fonction », qui sont essentiellement au nombre de deux : maîtriser parfaitement le fond comme la forme.

Le travail sur le fond consiste surtout à élaborer (au sein de la cellule de crise) les argumentaires et les éléments de langage que l'organisation souhaite diffuser. La préparation sur la forme consiste notamment à sélectionner les mots, les exemples et les illustrations, les chiffres à fournir pour aider à comprendre la situation. L'acquisition de cette double maîtrise passe par une formation* à la prise de parole en public sur les sujets de crise potentiels. Il s'agit ici d'un entraînement organisé autour de séances de *media* training* qui permettent aussi bien de mieux savoir s'exprimer face aux journalistes que face à un public. Évidemment, cette formation est rarement possible quand la crise survient. Elle doit être envisagée dans une démarche d'anticipation*.

▶ *voir aussi* TRAINING, INTERVIEW

Porte-parole : l'essentiel

Le porte-parole a pour fonction de répondre à l'attente des médias et du grand public d'une manière structurée et cohérente en devenant l'émetteur identifié d'une information complète. Il s'agit également d'éviter des experts autoproclamés et des intervenants partiaux d'occuper seuls le champ médiatique.

Afin d'être reconnu par les médias et par le public, le porte-parole doit s'être préparé et avoir créé un réseau relationnel. Il ne peut s'agir d'une prestation ponctuelle réservée au temps de crise ; la fonction de porte-parole doit être identifiée en tant que telle.

Il est important de fournir une information objective sur les risques*, sur les mesures envisagées ou prises, ainsi que sur les bons comportements à adopter. Le porte-parole ne doit s'exprimer que sur des données validées ou scientifiquement avérées. L'impossibilité de répondre à une question, notamment dans le cadre des relations presse, doit toujours être expliquée.

Pouvoirs publics ▸ *voir* État

Précaution (principe de)

Le principe de précaution est exposé à l'article 5 de la Charte* de l'environnement : « les autorités publiques veillent, par application du principe de précaution et dans leurs domaines d'attribution, à la mise en œuvre de procédures d'évaluation des risques et à l'adoption de mesures provisoires et proportionnées afin de parer à la réalisation du dommage». Ce principe s'impose dorénavant au législateur et a un effet direct, puisqu'il ne requiert aucun recours à la loi et ce en vertu de la hiérarchie des normes* en France.

La Charte de l'environnement proclame une troisième génération de droits du citoyen : après les droits de la liberté de 1789 et les droits sociaux de 1946, sont intégrés à la Constitution française des droits de l'homme plus vastes.

Le principe de précaution s'est immiscé dans notre droit et dans notre vie quotidienne. En effet, les organisations, pour les plus importantes ou les plus exposées d'entre elles, appliquent le principe de précaution dans leurs processus de fabrication. Elles mobilisent des moyens importants pour lever l'incertitude scientifique et l'intègrent dans le développement de projets innovants.

Son application répond à une attente forte de l'opinion publique, et consistent à anticiper les risques potentiels d'une activité ou d'une production. Finalement, c'est aussi une règle essentielle de la gestion de crise puisque, par-delà la nature de la crise, son origine, sa nature, l'un des éléments clés d'une bonne gestion est de pouvoir prouver que l'on avait anticipé le risque et tenté de le «couvrir».

Mais où s'arrête le principe de précaution? Ne s'interdit-on pas des avancées scientifiques significatives au nom de son respect? N'alourdit-on pas les processus de production au risque de les rendre non productifs?

Évidemment, trop de précaution face aux risques comporte des dangers. L'épisode des «huîtres d'Arcachon» durant l'été 2006 est un bon exemple : dans le doute, les autorités n'ont pas hésité à suspendre leur vente, pensant qu'elles avaient pu être la cause de deux décès suspects. Il aura fallu attendre plusieurs semaines pour lever cette suspicion coûteuse pour les ostréiculteurs et anxiogène pour l'opinion publique.

▶ *voir aussi* CHARTE DE L'ENVIRONNEMENT

Psychose

Commençons par une précision : il ne s'agit pas du comportement des acteurs de la crise, mais de la réaction de l'opinion* publique ou d'un public cible. La «psychose» est en quelque sorte le stade ultime d'une crise. C'est le niveau atteint lorsque l'inquiétude, née de l'ampleur médiatique de la crise, conduit les acteurs à prendre des décisions (notamment les responsables publics) ou à changer de comportement (les clients, les consommateurs...).

Le mécanisme de la psychose en situation de crise est un phénomène itératif. Il y a un effet d'entraînement par lequel les perceptions et les actions des différents acteurs alimentent le processus. C'est pourquoi, dans les rares cas de psychose, tous les acteurs y prennent part : les médias, les experts*, les autorités* publiques et finalement l'opinion publique.

Avant la psychose, il y a la phase de «bouillonnement» qui précède immédiatement l'émergence des crises graves : cette période se caractérise par l'abondance des sources d'information, les fortes et troublantes contradictions des experts, l'activisme de tous les acteurs (Gouvernement*, médecins, entreprises, ONG*, institutions nationales ou internationales...).

Encore une fois, il n'est pas toujours possible de faire le lien entre le phénomène de psychose et des motifs rationnels exposant à des dangers. Il ne s'agit donc pas nécessairement de situation où la population est massivement exposée à un danger, mais plutôt d'une effervescence générale autour d'un risque qui peut être faible, voire extrêmement peu probable.

La France a connu deux cas évidents de psychose au cours des dernières années : la seconde crise de l'ESB et la crise de l'anthrax. On pourrait ajouter le SRAS* dont les effets se sont fait sentir sur une période plus courte. Dans les deux premiers cas, nombreux étaient les spécialistes et experts conscients que les risques étaient infimes. Mais chacun « a joué le jeu » par application du principe de précaution*.

Le propre d'une psychose est qu'aucun argument rationnel ne peut résister à la vague émotionnelle. Les scénarios les pires deviennent probables, les scénarios improbables deviennent possibles. L'emballement devient difficilement contrôlable. La fin d'une psychose survient soit par lassitude des médias et de l'opinion publique, soit parce qu'elle est remplacée par une autre actualité suffisamment forte. Elle ne s'arrête jamais par l'émergence de preuves rassurantes. Le principe de la « psychose » est qu'elle s'estompe d'elle-même par effet de saturation.

Publicité

La publicité est le moyen de communication qui permet de s'adresser au plus grand nombre dans un temps très court. Il est donc normal que les organisations qui font face à une crise s'interrogent sur l'opportunité de recourir à la publicité.

Pour répondre à ces interrogations, il convient de rappeler que le message publicitaire n'est jamais, ou presque, perçu comme une démarche d'information. La publicité ne se subroge pas au devoir d'informer et de faire de la pédagogie. Le message publicitaire a un impact de masse, il peut donc utilement alerter le plus grand nombre (comme dans le cas d'un rappel* de produits), il peut aussi expliquer une position (comme dans le cas de la diffusion d'un texte), à condition de le faire dans un contexte où l'émotionnel n'a pas totalement asphyxié le rationnel*. Mais la publicité a aussi des inconvénients, au premier rang desquels le fait, encore une fois, que chacun fait bien la différence entre publicité et information.

Faire la balance entre les avantages et les inconvénients de l'usage de la publicité ne répond pas à la seule question qui mérite d'être posée : un message publicitaire, mais pour dire quoi? En effet, l'un des enjeux primordiaux de la gestion de crise est de savoir informer les salariés, les clients, les médias, les décideurs publics, mais aussi toutes les parties prenantes de l'organisation (ses actionnaires, ses tutelles, ses partenaires, les élus...). Il s'agit donc davantage d'information que de publicité et il s'agit d'informer à la fois directement et au travers de relais, d'alliés. La gestion de crise suppose de bien distinguer information, communication et publicité. Le recours à la publicité, souvent encouragé par les agences spécialisées, doit être décidé si cette solution répond réellement aux causes de la crise. On doit également s'interroger sur l'impact espéré auprès de l'opinion publique.

Il nous semble que la publicité ne peut vraiment être efficace que dans la phase d'après-crise pour en corriger les effets; le message publicitaire a pour vocation originelle d'enjoliver la réalité. Or, en situation de crise on ne raconte pas d'histoire, on ne ment pas ! La publicité doit par nature séduire. Il faut donc attendre que les conditions de la séduction puissent à nouveau être réunies pour reconquérir. C'est un outil de la reconquête, de reconstruction d'image et de réputation*.

Dans le cœur de la crise, l'outil publicitaire s'avère souvent limité, voire contre-productif. Pour le comprendre, il suffit de se rappeler que la crise a pour effet de remettre en cause la crédibilité et la légitimité de l'organisation impliquée. Or, la publicité fait directement « parler » l'organisation devenue peu crédible, voire illégitime pour l'opinion publique. La publicité peut donc avoir un effet inverse, selon le principe du doute : « s'ils le disent c'est que cela ne doit pas être totalement vrai » !

Publics cibles

Les publics cibles peuvent être les médias, les pouvoirs publics, les salariés, les clients, les partenaires, les organisations syndicales, les leaders d'opinion. Chaque organisation a ses publics cibles. Ceux avec lesquels elle entretient des contacts réguliers dans le cadre de ses activités (les KOL*), ceux qui sont importants pour l'activité et la pérennité de l'organisation. Mais aussi ceux qui sont concernés par la crise sans pour autant être des interlocuteurs naturels.

En situation normale, il est toujours utile d'identifier avec précision qui sont ses publics cibles. Mais dans une situation de crise, cette démarche devient une nécessité absolue. Avant d'engager quelque action que ce soit, il faut identifier qui sont les individus et les acteurs directement ou indirectement concernés par la crise qui survient.

Ce travail d'identification doit être exhaustif. Oublier une seule catégorie serait contre-productif, voire dangereux. Il faut donc établir la liste de tous ceux qui sont concernés, ou qui se sentent concernés. Mais il faut aussi y inclure tous ceux qui ont « intérêt » à se mobiliser autour de cette crise. Pour mener à bien cette démarche, on peut effectuer une segmentation qui facilite le recensement et la mise en œuvre d'un plan d'action. Mieux les connaître permet d'adapter la gestion de la crise aux particularités des groupes d'individus ou aux catégories d'acteurs. Cela permet également une hiérarchisation des publics prioritaires.

Une fois cet état des lieux établi, il s'agit de définir les actions spécifiques à mettre en œuvre et de différencier les messages d'information à diffuser. L'enjeu est de hiérarchiser les informations selon les degrés de connaissance du sujet et les attentes que l'événement crisogène a pu susciter. Il ne s'agit évidemment pas de donner des informations différentes, mais de les adapter aux publics en donnant une importance particulière à tel ou tel aspect de la crise.

▶ *voir aussi* ENFANTS, RIVERAINS

Quand ?

Cette interrogation couvre celle des temps de la crise et de leur appréciation. L'entrée en crise : quand entre-t-on en crise ? Ce sujet est complexe et important car les premières minutes ou heures d'une crise sont cruciales pour son déroulement ultérieur. La délicate gestion du temps pendant la crise : quand s'exprime-t-on ? Auprès de qui et selon quel ordre ? Enfin, savoir qu'une période de crise se clôt : quand la crise est-elle terminée ? À quel moment l'organisation peut-elle préparer sa sortie* de crise ?

Pour répondre à ces trois questions, il faut se souvenir que, d'une manière générale, il est préférable d'être en avance sur la crise émergente, à l'heure pendant la crise, et patient pour la sortie de la crise. La mauvaise gestion d'une crise est souvent le résultat d'une mauvaise appréciation de la relation au temps.

Dans une crise, la relation au temps est en effet différente selon que l'on est en charge de gérer la crise, que l'on est victime ou que l'on est spectateur. Pour faire face à cette distorsion, la solution consiste à être à l'écoute de son environnement, attentif, ouvert. Pourtant, la crise par nature enferme, provoque le repli. L'enjeu est donc de lutter contre le penchant naturel à une certaine forme d'« autisme ». Le fait d'instaurer un dialogue permanent avec les parties prenantes, dans une approche de prévention des risques* ou pendant une période de gestion de crise, est le meilleur moyen de savoir quand la crise va commencer, quand l'on est au pic de la crise et quand la sortie de crise s'annonce.

Questions/réponses

Le « questions/réponses » est un outil d'aide à la gestion de crise, mais bien davantage qu'un simple outil, c'est aussi un exercice* de préparation, probablement l'un des plus salutaires pour faire face à une crise. Cet exercice peut se faire « à chaud » mais également « à froid », avant que la crise ne survienne.

Il a deux vertus essentielles : d'abord il permet de se poser les bonnes questions, ensuite d'effectuer un travail de formalisation des réponses. Enfin, le « questions/réponses » est un outil utile, mais il est aussi un travail introspectif déterminant. L'élaboration de la liste des questions est la première étape. Elle doit être menée de manière exhaustive. Il ne faut donc pas se limiter aux questions qui font plaisir ou à celles dont on a les réponses. L'objectif est bien de se poser *toutes* les questions, y compris celles qui gênent, qui agressent ou qui font mal!

Pour cela, il convient de prendre en compte les points de vue des «opposants» ou des parties adverses; il faut aussi s'interroger sur le contexte de la crise pour mieux comprendre toutes les sources possibles de questionnement; il faut revenir sur le passé pour imaginer les connections que les parties prenantes peuvent faire; il faut se projeter dans le futur pour anticiper les inquiétudes et, donc, les interrogations à venir.

Plus l'exercice est poussé à son extrémité, mieux l'organisation est préparée.

Il faut ensuite formaliser les réponses, les écrire. Il ne s'agit pas d'inventer ou d'accommoder la réalité et la vérité, mais de s'appuyer sur les faits, des informations concrètes. Seulement, les éléments de réponse disponibles sont souvent épars dans les organisations (chaque responsable, service ou direction détient des informations importantes), ils sont parfois confus, mal structurés. Pour rassembler et hiérarchiser l'ensemble des éléments, il faut rédiger les réponses afin d'en faire un argumentaire cohérent et structuré. Les réponses doivent être simples, concises et précises. On doit rendre accessibles les informations disponibles. Cela nécessite un lourd travail de synthèse, de concision, de simplification.

▶ *voir aussi* INTERVIEW, LES 5 W

Rappel de produits

Le rappel de produits s'effectue généralement dans deux situations. Premièrement, dans le cas d'un défaut de fabrication identifié sur un produit (ou le composant d'un produit) avant d'exposer l'usager à un danger. Deuxièmement, quand un doute sur le danger potentiel d'un produit (non-identifié ou non-signalé avant la mise en vente) suscite une décision de précaution.

La décision de rappeler un produit peut être assumée ou contrainte. Évidement, cette alternative a des implications très différentes en matière de gestion de crise. La décision assumée permet non seulement de limiter le potentiel médiatique en supprimant *de facto* le facteur « sanction* », mais aussi de la motiver au nom de la responsabilité*.

On retiendra l'exemple de la décision du constructeur automobile Audi de procéder au rappel, début novembre 2006, de 36 000 Audi A8 (le très haut de gamme de la marque). À la suite de tests effectués chez le constructeur, il est apparu que les airbags pouvaient avoir des problèmes de fonctionnement. Il n'y a eu aucun incident répertorié. Le constructeur a préféré prendre les devants sans attendre que des incidents (ou accidents) ne soient relevés pour effectuer un rappel coûteux économiquement mais aussi pour l'image d'une marque* à la très grande réputation de fiabilité. Cette décision, qui comportait des risques, vient renforcer la réputation* de la marque.

A contrario, un retrait ou rappel de produits imposé est nécessairement perçu comme une sanction, d'où le sentiment dominant qu'il y a une faute de l'organisation et une absence d'attitude responsable. Il est évident que la faute et la sanction ont un potentiel médiatique bien plus fort. Enfin, la décision imposée ne permet pas le contrôle temporel de la crise. L'autorité qui prend la décision d'un retrait peut le faire sans prévenir l'organisation concernée. Elle survient alors par surprise, rendant encore plus difficile la gestion de la crise.

Le rappel de produits est aujourd'hui relativement banalisé. Il y en a des dizaines, voire des centaines par an. Cela va d'un lot de poêles dont le manche est défectueux vendu dans quelques supermarchés très localisés, au rappel d'un modèle de voiture au niveau mondial. Dans la plupart des cas, le rappel de produits concerne un lot identifié d'un produit et les mesures de traçabilité permettent très rapidement de localiser les zones géographiques de diffusion/vente de ce produit.

Toutefois, il est des cas où le rappel implique un coût élevé, en termes financiers, d'information ou d'image. Le rappel de produits très dangereux ou de produits pouvant être nocifs pour la santé suppose non seulement une réactivité et une logistique coûteuse, mais aussi une nécessaire information par la diffusion d'un message dans les médias (y compris sous la forme d'une annonce média). Dans le cas de rappels massifs, comme ce fut le cas pour Dell, en août 2006, le tribut est aussi lourd en terme d'image. Le fabricant d'ordinateurs a annoncé le rappel de 4,1 millions de batteries équipant ses ordinateurs portables pour un risque de surchauffe pouvant entraîner un incendie. Ce rappel a été estimé à 400 millions de dollars. Par la suite, Dell a annoncé un investissement de 150 millions de dollars pour renforcer sa relation client à la suite des problèmes rencontrés sur ses ordinateurs.

Rationnel, réalité *vs* passion, fantasme, affect…

Dans une crise, les aspects rationnels, la réalité et l'objectivité s'effacent devant l'irrationnel. Pour être plus exact, nous pourrions dire qu'une crise est la confrontation entre deux réalités provoquant un hiatus lui-même amplificateur de crise. Chacun défend sa réalité, sa vérité. Dans chaque crise, les acteurs ont l'intime conviction d'avoir le comportement le plus rationnel, l'opposant est toujours dans le champ de l'irrationnel.

Pourtant, la réaction irrationnelle peut aussi bien être du côté de l'organisation à l'origine de la crise (dans son refus d'admettre, dans sa volonté de masquer la réalité) que du côté du public qui peut s'inquiéter à mauvais escient ou sans raison. Il n'y a pas de règles. Les deux situations existent et peuvent cohabiter.

Le propre d'une crise est qu'elle engendre des distorsions de perception et déforme les faits. La médiatisation accentue ce phénomène. Le propre d'une crise est aussi qu'elle crée de l'irrationnel. Or, face à l'irrationnel, les arguments concrets, chiffrés, les faits ont énormément de difficultés à s'imposer, à être audibles. C'est un des facteurs de la complexité de la communication de crise qui doit être intégré.

Prenons l'exemple d'une entreprise mondiale qui décide simultanément de réduire ses effectifs (au travers d'un plan de sauvegarde de l'emploi – PSE) sur un site industriel – ou de le fermer – et d'ouvrir un autre site sur un autre continent. Sa motivation réside dans le fait d'adapter son outil industriel à l'évolution de son marché et de ses ventes. Elle vend moins dans un pays et vend de plus en plus dans l'autre ; les coûts de transports et la nécessaire réactivité lui imposent de produire là où elle vend. Il ne s'agit donc pas d'organiser une délocalisation de sa production, mais un transfert de production correspondant au transfert d'activité. Toutefois, les personnes concernées par les licenciements dénonceront une « délocalisation ». Or, la capacité mobilisatrice dans l'opinion publique des méfaits d'une délocalisation annihile toute argumentation rationnelle sur les motivations de la décision.

Prenons un autre exemple lié à la toxicité des produits. Une entreprise est soumise à une crise provoquée par la présence d'une substance toxique dans ses produits dans des proportions très inférieures aux seuils de risque estimés par les experts* scientifiques et décidés par la réglementation. L'argumentation pourrait s'articuler autour d'une explication rationnelle consistant à faire valoir que la substance toxique est présente dans les proportions qui respectent les normes* et, dans ce cas, toutes les études scientifiques prouvent l'innocuité du produit dans les dosages utilisés. On pourrait aussi imaginer que l'argumentation se fonde sur le fait que toute substance utilisée au-delà des doses prescrites ou normales peut être dangereuse : par exemple, l'eau, l'air, l'aspirine… Autant de substances nécessaires à la vie, ou dont la finalité est de guérir, mais qui dans de grandes proportions ou avec de mauvais dosages peuvent tuer.

Voilà deux exemples assez caractéristiques où les arguments les plus simples, les faits les plus rationnels peuvent rester totalement inopérants face à l'émotion suscitée dans l'opinion publique par une crise.

Il convient dès lors de savoir ne pas s'enfermer dans un raisonnement inaudible pour l'opinion publique ou pour les publics clés ; il faut introduire dans son argumentation, fondée sur les faits, les éléments permettant de répondre à l'émotion.

▶ *voir aussi* PSYCHOSE

Réputation

Le concept de « réputation » d'une entreprise, d'une marque*, d'une organisation s'est imposé comme l'un des éléments du succès (pour recruter, pour vendre, pour disposer de moyens, pour l'influence, pour la reconnaissance, pour la notoriété…). C'est aussi devenu le concept clé de la gestion de crise.

La réputation est un bien immatériel ; elle est devenue l'un des actifs les plus importants des organisations et se construit dans la durée. La réputation, qui s'acquiert au fil des ans, est l'actif le plus exposé aux crises. La réputation est ce que les organisations doivent chercher à protéger à tout prix lors des crises puisque, finalement, c'est le bien le plus exposé.

Les organisations se doivent donc, dans un souci d'anticipation* des crises, d'abord de « penser » la construction de leur réputation en fonction des risques auxquels elles sont exposées ; ensuite, d'évaluer, de mesurer leur réputation. Cette évaluation nécessite une compréhension fine des composantes qui structurent leur image et de l'analyser en fonction de chacun des publics clés de l'organisation (et pas seulement du grand public).

Mais au-delà d'un bien immatériel, le concept de réputation d'une organisation tient également un rôle essentiel dans la gestion d'une crise. D'abord lors du déclenchement : elle agit comme un rempart ou, au contraire, comme un accélérateur de la crise. On s'étonne, en effet, que les mêmes causes ne provoquent pas les mêmes effets en matière de crise. Plusieurs éléments peuvent expliquer ce phénomène, dont deux principalement : le contexte et la réputation.

On pourrait ici prendre appui sur l'exemple de tentatives d'OPA (offre publique d'achat), largement médiatisées. Celle menée par Pepsi-Cola contre Danone, qui fut un échec, et celle, réussie, d'Arcelor par Mittal. On a pu constater à quel point la réputation dont bénéficie Danone a favorisé et encouragé les soutiens nombreux parmi les décideurs et la mobilisation de l'opinion publique face à la présumée « agression » de Pepsi-Cola. En comparaison, Arcelor n'a pas su mobiliser avec une vigueur identique. L'entreprise a bien évidemment bénéficié de soutien, mais dont le moteur semble davantage avoir été une méfiance à l'égard de Mittal que de véritable soutien et d'adhésion à sa réputation.

Si l'on considère raisonnablement que les aciers à haute valeur ajoutée conçus par Arcelor, essentiels à notre industrie, sont aussi, voire plus, importants que les pots de yaourt et les eaux minérales, on mesure mieux l'importance de la réputation dans la gestion d'une crise.

La réputation est également l'une des dimensions importantes de la sortie* de crise. Il convient en effet de mesurer l'impact* de la crise sur la réputation de l'organisation. Elle peut avoir été altérée ; elle peut avoir été renforcée si l'organisation a su bien gérer la crise et en faire une opportunité*. Malheureusement, les dommages sont plus souvent la règle. D'où l'indispensable étape de l'analyse pour mesurer précisément l'ampleur de l'atteinte à la réputation et envisager la nature des mesures correctrices. Ces dernières sont toujours très coûteuses en communication et marketing. L'objectif est de reconquérir la confiance des clients, des publics cibles et de l'opinion publique.

Responsabilité

On pourrait dire que le mot est à la mode. Mais plus qu'une mode, il s'agit d'une évolution profonde qui concerne l'ensemble des organisations et, même, l'ensemble des sociétés occidentales. Le renforcement de la notion de responsabilité est le corollaire du développement. Elle a émergé dans le milieu des années 1980 ; elle s'est formalisée dans le milieu des années 1990. Elle s'impose au début de ce siècle.

La prégnance du concept de responsabilité est la traduction dans les faits de la « part de l'intérêt général » que les organisations doivent de plus en plus assumer. Les États* ne sont plus les seuls garants de l'intérêt général. Toutes les formes d'organisation en assurent leur part, y compris les entreprises privées. Ce phénomène se traduit par l'émergence de la responsabilité sociale de l'entreprise. On attend donc des organisations qu'elles sachent adopter une attitude responsable dans la manière de gérer leur activité, leur développement, leurs collaborateurs...

Ce concept de responsabilité joue un rôle essentiel durant une crise. D'abord, peu importe la responsabilité juridique (ou morale) réelle ; c'est la responsabilité au sens de l'engagement* à l'égard de la société qui compte. Une organisation peut donc ne pas avoir de responsabilité dans l'avènement d'une crise et être tenue pour responsable par l'opinion publique. Les exemples abondent au cours des dernières années.

Ensuite, être responsable, c'est se placer *de facto* dans une logique de prévention des risques* : initier une démarche d'anticipation* est en soi une attitude responsable. Il faut le faire pour réduire les risques, leur probabilité ou leurs impacts*. Il faut aussi le faire pour ne pas être accusé de négligence* ou, pire, de désinvolture lors d'une crise.

Enfin, la responsabilité, c'est aussi savoir admettre ses faiblesses, ses lacunes. Savoir assumer une faute peut être perçu comme une manière d'assumer sa responsabilité.

L'exemple de la « crise des steak hachés », en novembre 2005, contaminés par une bactérie particulièrement dangereuse et virulente, et qui a fait de nombreux malades graves, est doublement symptomatique. La crise médiatique n'a guère mis en cause (et en avant) le producteur responsable (SOVIBA). Ce sont les centres Édouard-Leclerc qui ont dû faire face à la crise. Le « responsable » dans cette crise n'est pas l'organisation qui a commis une faute très grave, c'est celui qui lui a fait confiance comme prestataire et qui a vendu sa marchandise contaminée. Le responsable, c'est aussi celui qui est exposé médiatiquement (parce qu'il est connu de tous les Français). La responsabilité ne porte pas toujours là où elle le devrait !

Cette crise est aussi intéressante à étudier car elle est un cas de parfaite gestion de crise par Michel-Édouard Leclerc. La raison en est « simple » : il a incarné la responsabilité. Dans la gestion de cette crise, les centres Leclerc ne se sont pas défaussés sur le fournisseur, ni sur les collaborateurs ou sur un autre acteur. Michel-Édouard Leclerc s'est immédiatement mobilisé. Il a montré que toute l'entreprise prenait la chose au sérieux, il a admis qu'il y avait eu une erreur, il a répondu de manière transparente à toutes les questions, il a informé en temps réel... Il a répondu à tous les critères d'une responsabilité assumée.

A contrario, en novembre 2005, Nestlé a dû finalement procéder au rappel* de plusieurs millions de litres de lait maternisé dans quatre pays d'Europe. Nestlé a géré cette crise de manière exactement inverse à ce qu'ont fait les centre Édouard-Leclerc. D'abord, en se défaussant sur un prestataire (TetraPak). Ensuite, en occultant les faits, puisque les agences sanitaires de plusieurs pays avaient alerté deux mois auparavant. Et enfin, en ne donnant que peu d'informations. Le président de Nestlé a dû finalement faire des excuses publiques à ses consommateurs. CQFD.

▶ *voir aussi* ANTICIPATION

Risques

▶ *voir* Anticipation, Cartographie, Culture du risque, Gravité (mesure de la), Impacts, Nature des risques, Vulnérabilités, Zéro (risque)

Riverains

En préambule, une clarification sur le terme de riverains. Il s'agit des populations dont le lieu de résidence (ou de travail), se trouvant à proximité d'un site d'exploitation ou d'une activité professionnelle, est impacté par une « pollution » : sonore, visuelle, olfactive ; ou par un danger potentiel : dissémination, contamination des sols, de l'air ou de l'eau, explosion... La notion de proximité peut être relative selon le type de nuisance. On pense par exemple à la pollution sonore des couloirs aériens survolant certaines zones d'habitation : cette pollution doit être prise en compte par le gestionnaire de l'aéroport parfois situé à plusieurs kilomètres.

Plus habituellement, la question des riverains se pose pour les sites industriels. Depuis quelques années, la cohabitation avec les riverains prend une importance nouvelle pour les exploitants, en raison notamment de la prégnance des problématiques environnementales et sanitaires dans l'opinion publique, mais aussi en raison, hélas, d'accidents dramatiques.

Cette sensibilisation se traduit par la « délocalisation » des sites de production en dehors des zones d'habitation. Le syndrome NIMBY, pour *Not In My BackYard* (littéralement : « pas dans mon arrière-cour », ou « pas de cela chez moi »), se développe rapidement et pousse toujours davantage les riverains à refuser à proximité de chez eux l'exploitation d'un site incommodant ou dangereux.

Dès lors, il est absolument nécessaire hors contexte de crise de prendre en considération les interrogations et parfois les inquiétudes des riverains. La relation avec les riverains doit s'inscrire dans une démarche de prévention des risques* avec une règle simple qui s'impose : l'ouverture. En d'autres termes, ne pas attendre que les problèmes surviennent, mais les circonvenir.

En période de crise, les riverains méritent une attention particulière et, donc, une information spécifique. Leur proximité suscite légitimement des inquiétudes qu'il faut savoir écouter.

Instaurer un dialogue avec les riverains est une question de bonne gestion des relations de voisinage, mais c'est aussi une mesure de prévention et de bonne gestion de crise. En effet, les riverains peuvent par mécontentement interpeller les médias et contribuer ainsi à donner de l'écho à une crise localisée. C'est pour eux le meilleur moyen d'attirer l'attention de l'organisation qui refuse le dialogue ou, même, des pouvoirs publics pour les obliger à prendre des mesures coercitives.

Dans le cas où les riverains ne contribuent pas à créer ou générer la crise par son relais médiatique, il faut néanmoins souligner qu'ils sont très souvent sollicités par les médias dans le cas d'une crise. Leurs propos rapportés publiquement peuvent être dévastateurs alors même qu'ils n'ont pas l'intention de nuire.

Les organisations doivent « gérer » leurs riverains comme un public clé dans une logique de prévention. Cela suppose de leur accorder du temps, de leur fournir des informations, de créer des moments « formels » de rencontre et de dialogue, de s'ouvrir à leurs préoccupations. Il convient évidemment de ne pas non plus entrer dans une logique excessive (il ne s'agit pas de rendre compte) qui parfois peut aboutir à une situation de quasi-chantage de la part de riverains.

Rumeur

Dans un monde de plus en plus complexe et où les vecteurs d'information se multiplient, un nouveau fléau frappe les organisations : la rumeur. La rumeur est la propagation d'une « information ». Elle est toujours entendue au sens négatif (au sens positif, on parlera davantage de bouche à oreille, de « buzz », de marketing viral ou de « scoop »). Il faut la distinguer de la désinformation*, qui est la plupart du temps une action volontaire, préméditée et manipulatrice.

La rumeur a souvent un effet dévastateur sur une organisation. Elle peut provoquer une crise et, plus généralement, une crise latente (c'est-à-dire qu'il n'y a pas de fait générateur, ni d'amplification médiatique). Les rumeurs sont extrêmement difficiles à gérer parce qu'elles sont souvent sans origine connue et peuvent se développer sans que l'organisation concernée s'en rende compte (du moins rapidement). Enfin, s'opposer à une rumeur fait courir le risque d'en augmenter la notoriété.

L'une des caractéristiques de la rumeur est son effet de dissémination par des canaux de diffusion informels. Dans ce sens, les nouvelles technologies de l'information (sites Internet*, forums, SMS...) sont des véhicules extraordinaires de la rumeur. Il y a un effet d'amplification. Au cours des années récentes, il y a eu plusieurs cas de rumeurs de grande ampleur dénonçant tel ou tel produit ou comportement de la part d'organisations. Les exemples les plus emblématiques ont montré que l'Internet permettait à une rumeur de se propager très rapidement sur l'ensemble de la planète.

Le paradoxe d'une rumeur est que l'information véhiculée, sans origine identifiée, est très crédible. Son caractère non-officiel, la « sensation » de scoop qu'elle procure lui confèrent une certaine « autorité ».

Mais le danger est aussi que la *« vox populi »* conclut d'une rumeur presque toujours qu'« il n'y a pas de fumée sans feu ». L'effet est ravageur pour les organisations concernées. La rumeur peut donc exprimer une part de vérité ou d'incertitude. Elle peut aussi avoir déjà tiré des conclusions que des spécialistes n'ont pu encore dégager. L'exemple de la crise des régulateurs de vitesse de Renault en est un exemple : « la Vel Satis folle » dont le conducteur n'arrive pas à reprendre le contrôle après une course de cinquante minutes à 190 km/h sur l'A71 en octobre 2004 déclenche une crise. La rumeur se propage vite, relayée par les médias et sur Internet, pour affirmer que les régulateurs de vitesse sont dangereux, et par de nombreux autres cas rapportés par les utilisateurs.

Il y a trois manières de se comporter pour une organisation confrontée à la rumeur : le dédain, la minoration, l'opposition.

Pour dédaigner une rumeur, il faut qu'elle soit très mineure (peu d'impact) et limitée (dans le temps et dans son aire de circulation). C'est un choix possible, encore faut-il être sûr d'avoir bien mesuré l'ampleur de la rumeur.

La minoration d'une rumeur est la faute… majeure ! Par définition, on ne cerne que rarement les contours exacts de la rumeur. Le travail qui consiste à s'autopersuader que la rumeur n'a guère d'impact est une erreur : « dénigrez, dénigrez, il en restera toujours quelque chose ».

Enfin, s'opposer à une rumeur est souvent la seule solution, même si elle n'est qu'un moindre mal. À moyen et long terme, s'opposer violemment et publiquement à une rumeur est souvent une option gagnante Encore faut-il bien mesurer et étudier les moyens utilisés. Rien ne sert d'élargir excessivement le cercle des personnes informées. Il est toujours risqué de s'opposer à une rumeur en utilisant d'autres vecteurs ou méthodes. Il convient par exemple de privilégier l'Internet si c'est le vecteur principal d'une rumeur, ou encore de s'adresser directement au public* cible dans lequel la rumeur circule (clients, interne*, partenaires, communauté financière…).

S

Sanction

Les sanctions d'une crise sont de natures très diverses et difficiles à appréhender. La sanction peut être immédiate, mais ses effets peuvent aussi durer. Elle peut être de court terme, mais aussi de long terme. Elle peut se mesurer ou pas. L'enseignement des crises ne permet pas d'établir des règles générales sur les sanctions.

Néanmoins, on doit retenir qu'il y a cinq formes de sanction probable, ou du moins possible :
– la sanction commerciale : la crise vise un produit ou un service, la sanction se mesure à l'impact* sur la commercialisation. Elle peut être sévère, mais n'est pas toujours corrélée à l'ampleur de la crise ;
– la sanction d'image ou de réputation* : plus difficile à mesurer, la perte d'image a des effets qui se font sentir à long terme et la mesure de l'impact est complexe. Les responsables des organisations

éprouvent toujours des difficultés à rendre tangible une sanction qui se concrétise par d'éventuels futurs manques à gagner, par une relation rendue plus difficile avec les partenaires, par une capacité à attirer les talents moins forte. La sanction d'image a aussi un impact en interne et peut affaiblir la mobilisation des équipes ou leur productivité ;
– la sanction judiciaire : de plus en plus souvent les crises s'accompagnent d'une procédure judiciaire, à l'initiative d'une des parties prenantes ou du parquet. L'enchaînement des faits qui conduisent à une crise est alors examiné en détail. Les crises sont aussi parfois le résultat d'une procédure judiciaire ;
– la sanction administrative : les pouvoirs publics ont toujours un rôle important dans la gestion d'une crise. Les décisions administratives peuvent être une sanction réelle pour les organisations ou perçues comme telle. Elles peuvent s'avérer très coûteuses ou handicapantes ;
– la sanction politique : enfin, les décideurs politiques peuvent être conduits à prendre des décisions sous la pression de l'opinion publique. Leur comportement à l'égard de l'organisation peut être déterminant dans l'évolution d'une crise : soit il apporte une solution, soit il l'envenime.

Une crise a toujours sa sanction. L'enjeu de la communication de crise est essentiellement d'en diminuer la facture*.

▶ *voir aussi* FACTURE, IMPACTS

Scénarisation

Dans le processus d'anticipation* et de préparation à la gestion de crise, les deux étapes ultimes consistent à scénariser les principaux risques* identifiés. L'objectif est de déterminer en amont les processus et les messages destinés à limiter les impacts* de la crise.

Une organisation ne peut pas scénariser tous les risques auxquels elle est exposée. Néanmoins, le travail de recensement et d'évaluation réalisé au travers de la cartographie* des risques permet d'établir un classement des risques par ordre d'importance (impacts prévisibles) et de probabilité.

Dès lors, les organisations doivent identifier les trois à cinq risques majeurs qui les menacent. La scénarisation est un travail d'approfondissement de ces risques l'analyse de leurs causes et de leurs conséquences. Quels sont les événements susceptibles de les déclencher ? Dans quelles conditions ? Quels sont les éléments de contexte favorables ou défavorables ? Probables ou improbables ? Quels sont les acteurs qui pourraient jouer un rôle (alliés, opposants) ?

L'objectif est d'imaginer, dans le détail, les conditions de l'avènement d'une crise ainsi que les facteurs aggravants potentiels.

Dans un second temps, il s'agit de savoir comment l'organisation pourrait réagir à cette crise. Quels impacts aurait-elle sur l'organisation ? Quelles conséquences pour l'image, l'interne, la situation financière… ? Quelles seraient les actions à mettre en œuvre immédiatement, ultérieurement ? Qui en serait responsable ? Quels seraient les éléments de langage utiles ?

Bien évidemment, un exercice* de scénarisation ne permet jamais de tout envisager, de tout imaginer. Mais l'objectif n'est pas là. L'enjeu pour l'organisation est de se mettre en situation et d'établir une première *check-list*.

La scénarisation a également une formidable vertu de sensibilisation et de pédagogie dans les organisations. Cet exercice permet de mieux faire comprendre les contours des crises et de percevoir quels pourraient être les impacts pour l'organisation.

▶ *voir aussi* EXERCICE, QUESTIONS/RÉPONSES, SIMULATION

Sécurité civile (loi de modernisation de la)

La loi de modernisation de la sécurité civile (2004-811 du 13 août 2004) a pour objet la prévention des risques de toutes natures, l'information et l'alerte* des populations, ainsi que la protection des personnes, des biens et de l'environnement* contre les accidents, les sinistres et les catastrophes par la préparation et la mise en œuvre de mesures et de moyens appropriés relevant de l'État*, des collectivités territoriales et des autres personnes publiques ou privées.

Ce texte redonne toute sa place à l'engagement responsable du citoyen, qui devient un acteur majeur de la sécurité civile. « Toute personne concourt par son comportement à la sécurité civile[1] » : redéfinition du rôle des associations, sensibilisation des populations dès le plus jeune âge, création des réserves communales de sécurité civile.

Il précise également les responsabilités de l'État en matière de planification et de conduite opérationnelle et de prise en charge des secours. À ce titre, la création des plans communaux de sauvegarde, confiés aux maires, contribuent à l'information préventive et à la protection de la population.

1. Titre II, article 4 de la loi n° 2004-811 du 13 août 2004.

Enfin, l'annexe du texte met à la fois l'accent sur le rôle des exercices* qui permettent de tester les plans* mais également d'entraîner les autorités* publiques, les services de secours et la population, et sur l'importance de l'information et de la formation de la population.

Seveso

L'émotion suscitée par le rejet accidentel de Dioxine en 1976 sur la commune de Seveso, en Italie, a incité les États européens à se doter d'une politique commune en matière de prévention des risques industriels majeurs.

Le 24 juin 1982, la directive dite Seveso demande aux États membres de la Communauté européenne et aux entreprises d'identifier les risques* associés à certaines activités industrielles dangereuses et de prendre les mesures nécessaires pour y faire face. La directive Seveso a été modifiée à diverses reprises et son champ d'application a été étendu, notamment à la suite de l'accident de Bâle en 1986.

Depuis le 3 février 1999, le cadre réglementaire est dorénavant la directive 96/82/CE concernant la maîtrise des dangers liés aux accidents majeurs impliquant des substances dangereuses, appelée directive Seveso II (qui remplace la directive Seveso).

Cette nouvelle directive renforce la notion de prévention des accidents majeurs en imposant notamment à l'exploitant la mise en œuvre d'un système de gestion et d'une organisation proportionnés aux risques inhérents aux installations. La surveillance de son application est l'une des principales missions de l'inspection des installations classées Seveso, sous l'autorité des préfets et mise en œuvre par les DRIRE (directions régionales de l'industrie, de la recherche et de l'environnement, chargées également de recenser les sites industriels soumis à cette réglementation).

L'application de cette directive est un progrès significatif en matière de prévention des risques. Dans le même sens, l'information et la participation du public sont régulièrement améliorées pour répondre à l'exigence de transparence* auprès des employés et des riverains* de ces installations.

Il y a actuellement 1 213 établissements classés Seveso II (dont 670 en seuil haut) en France. Il semblerait qu'il y ait eu 8 accidents signalés dont la plupart n'ont pas donné lieu à des « crises » d'ampleur médiatique. C'est la meilleure preuve que plus une activité est « normalisée » (c'est-à-dire contrainte, réglementée et contrôlée) plus les risques sont contenus et moins il y a d'occurrences de crise.

▶ *voir aussi* ACCIDENTS

Silence

Le choix du silence face à un risque*, à une crise est une option qui s'offre aux décideurs qui gèrent une crise. Néanmoins, si ce choix existe, il faut le peser en retenant deux règles d'or : il ne faut pas se cacher et le silence peut être assimilé à une désertion. La meilleure posture reste bien sûr la transparence*. Mais on peut faire le choix de ne pas vouloir s'exprimer publiquement ou de manière proactive. Par exemple, dans une situation de drame humain ou pour se donner le temps d'y voir clair dans les raisons de la crise. Si le silence peut être un choix, il doit être uniquement guidé par des impératifs ou par le contexte. Cela dit, il est souhaitable qu'il ne dure pas trop longtemps et, surtout, que le choix du silence ne soit pas déterminé par un refus de réagir face à la crise.

Les silences sélectifs consistent à refuser de s'exprimer là où il ne convient pas de le faire. Il s'agit alors de sélectionner le temps de l'information et les vecteurs de la diffusion de l'information. À titre d'exemple, il est courant lors d'une crise que les responsables d'une organisation soient sollicités par des médias ou des acteurs dont le positionnement n'est pas en phase avec le type d'information que l'on souhaite transmettre ou avec la gravité du sujet. Lors d'une crise alimentaire, le responsable de l'organisation concernée peut être sollicité par l'animateur d'une émission de divertissement. Est-ce bien le lieu pour transmettre un message rassurant ? Sommes-nous bien sûrs que le responsable ne sera pas brocardé inutilement avec le risque de lui nuire gravement ?

À l'exception des situations très particulières, le silence est presque toujours considéré soit comme un aveu (« qui ne dit mot consent ») de la responsabilité dans la crise, soit comme une volonté délibérée de cacher une information. Il est donc extrêmement dangereux de ne pas réagir immédiatement lors d'une crise et de laisser le silence s'installer.

L'attitude de Nestlé dans la gestion de la crise du lait maternisé de novembre 2005 est exemplaire. Une décision de retrait de plusieurs millions de litres de lait pour nourrissons est imposée par les autorités sanitaires de quatre pays d'Europe. Entre les deux mois qui séparent les avertissements formulés par les autorités sanitaires et la décision de retrait – temps de médiatisation de la crise –, Nestlé a fait le choix d'ignorer le problème et de garder le silence. La conséquence de ce choix : une décision imposée par les autorités sanitaires, les excuses publiques aux consommateurs par le président de la société et une belle polémique qui endommage son image.

Simulation

La simulation est un exercice* particulier. Il s'agit de « faire comme si ». Pour cela, il faut imaginer qu'un fait réaliste survient comme déclencheur* d'une crise et qu'une succession de petits événements s'enchaînent. Une simulation doit mobiliser l'équipe sur une période qui va de trois heures à toute une journée. L'équipe est souvent constituée des responsables de la gestion de crise, mais aussi de tous les responsables impliqués directement ou indirectement. Afin que l'exercice soit réellement utile, il est préférable que les acteurs soient – dans la mesure du possible et du respect de la sécurité – le plus nombreux possible à ne pas être informés qu'il s'agit d'un exercice.

Généralement, les simulations se réalisent une fois que l'organisation dispose de procédures de gestion de crise : schéma général de crise, cellule* de crise constituée, *war room* équipée. L'objectif d'une simulation consiste alors à vérifier le fonctionnement des dispositifs de gestion de crise, mais aussi celui de l'équipe dédiée et les processus internes à l'organisation. Toutefois, il peut être très utile d'effectuer une simulation pour démontrer l'impréparation d'une organisation et des hommes à la gestion d'une crise.

On pourrait considérer que la simulation la plus simple, la plus connue de tous et la seule qui soit réellement obligatoire, c'est l'alerte incendie que chacun a connue (dans les écoles, les administrations, les collectivités, les entreprises...). Il en existe de beaucoup plus complexes !

Dans l'agro-alimentaire, une simulation peut impliquer un fournisseur ou producteur disposant de plusieurs sites de production en France et un distributeur (avec des dizaines de supermarchés) et viser à identifier un lot de produits contaminés. Ce type d'exercice peut mobiliser plus d'une centaine de personnes durant une journée entière. Il vise à entraîner les responsables de ces organisations à gérer une crise, à tester les procédures de gestion de crise et – dans ce cas précis – à évaluer les processus de traçabilité et d'alerte* des consommateurs.

Les simulations peuvent s'appliquer à tous les risques*, quelle que soit leur typologie. Elles peuvent mobiliser les « opérationnels », mais aussi – et de plus en plus souvent – les dirigeants des organisations.

▶ *voir aussi* EXERCICE, TRAINING, SCÉNARISATION, WAR ROOM

Les règles d'un exercice de simulation

Les exercices* permettent à la fois de tester les modalités de préparation et d'intervention des pouvoirs publics, des entreprises, et de tirer les enseignements nécessaires à l'amélioration des dispositifs correspondants.

Les exercices visent en effet à entraîner les acteurs concernés en mettant à l'épreuve des objectifs ciblés de planification et à évaluer la mise en œuvre des dispositifs et des plans d'intervention. Il est impératif de vérifier leur bonne prise en compte dans tous les domaines et par tous les échelons des différents services.

Écriture du scénario

Le scénario d'un exercice présente plusieurs volets :

Le volet technique

Obéissant à une dynamique rigoureusement définie dans le temps et l'espace, il prend la forme de fiches d'événements qui sont injectées, au cours du déroulement de la simulation, par le directeur de l'animation à des destinataires identifiés. Elles couvrent les aspects techniques de la crise sur toute sa durée.

Le volet médiatique

Ce volet permet d'acheminer des dépêches de presse artificielles à destination des acteurs afin de les entraîner à faire face à une pression médiatique. Des journalistes* conventionnés peuvent également être inclus dans l'exercice, tout comme la mise en place de points presse afin de rendre le jeu le plus réaliste possible.

L'objectif est ici de simuler la pression médiatique qui s'exercerait sur les communicants en situation de crise.

La préparation de la simulation médiatique doit permettre de préciser la nature, l'ampleur et l'organisation des actions de communication, telle la constitution des équipes de journalistes.

• Il est à noter que les personnes qui ont participé à la rédaction du scénario ne doivent pas être acteurs durant l'exercice. Cela fausserait en effet le jeu de l'exercice.

La communication sur l'exercice

Les exercices constituent une réelle opportunité de communication en direction de l'opinion publique. Cela permet de rassurer la population grâce à une préparation visible (information événementielle) et de faire de la pédagogie sur les consignes à respecter en cas de crise (information comportementale).

Il est souhaitable d'élaborer un plan de communication en fonction des différents publics concernés (élus, médias, leaders d'opinion, population). Ainsi, pour les médias, une information préalable peut être réalisée avant l'exercice et une information après l'exercice, sous forme d'une conférence de presse.

Il peut être décidé de ne pas informer les médias ni la population de la tenue d'un exercice. Dans ce cas, il est préférable de préparer en amont des outils de communication (dossier de presse, communiqué de presse, questions*/réponses, etc.) afin de pouvoir répondre aux sollicitations des journalistes.

La communication dans l'exercice

Les exercices constituent une opportunité d'entraînement pour les communicants. Il est donc indispensable qu'ils y participent.

Le retour d'expérience*

Le «retex» des exercices est un élément clé de la préparation à la gestion de crise, car il permet de tirer tous les enseignements nécessaires à l'amélioration des dispositifs testés et d'ouvrir des pistes pour les futurs exercices.

Sondage ▸ *voir* Mesure : baromètre, sondage…

Sortie de crise

Déterminer la sortie de crise est plus difficile qu'il n'y paraît. C'est certes au moment de l'accalmie que la sortie de crise commence, mais les crises ont parfois des rebondissements. Un procès qui interviendra souvent plusieurs mois ou plusieurs années après la crise (médiatique) peut redonner à celle-ci toute son actualité. Un élément nouveau sur les causes de la crise ou, même, le comportement des acteurs et des organisations concernés sont bien souvent des prétextes à alimenter les médias.

Sortir de crise est un choix qui se fait d'abord en procédant à une évaluation des impacts* de la crise sur l'organisation et à une mesure* en termes d'image, de notoriété, de réputation* auprès de l'opinion publique et des relais d'opinion. Ce n'est qu'une fois les évaluations réalisées que l'on peut établir le plan d'action visant à reprendre la main pour réparer les effets de la crise.

Par ailleurs, la sortie de crise a des conséquences qu'il faut bien évidemment intégrer pour prendre cette décision. Cela suppose notamment de mettre fin aux dispositions spécifiques liée à la gestion de crise. Il faut toujours le faire de manière progressive pour assurer correctement la veille* qui entoure le sujet et pour faire sérieusement le debriefing de la gestion de crise.

Ainsi, il ne faut pas confondre précipitation et rapidité dans ce domaine, car la manière dont l'organisation va vouloir corriger les effets de la crise peut se révéler dangereusement contre-productive. La sortie de crise, quoi qu'il en soit, demande du temps et souvent un travail de longue haleine. D'abord, pour mettre en place les mesures en interne qui éviteront que les causes de la crise ne se renouvellent et ne provoquent les mêmes effets. Ensuite, pour reconstruire l'image et la réputation.

Il ne faut pas vouloir communiquer trop tôt, au risque de s'exposer à trois écueils : faire resurgir le fait générateur de la crise au lieu de l'atténuer ; rendre peu audible le message de communication ; réactualiser la crise elle-même, faisant ainsi émerger à nouveau les inquiétudes ou les préventions. Lors de la crise de la « vache* folle » en 2000, la chaîne de fast-food McDonald's prend la décision de faire une communication publicitaire massive, en pleine crise. Le message vise à rassurer sur les processus qualité respectés dans la fabrication des hamburgers. La diffusion de ces messages expose ainsi la chaîne à ce que le grand public assimile les inquiétudes liées à la contamination des viandes à ses hamburgers. Les ventes continuent de baisser. Il faudra attendre plusieurs mois, la crise s'estompant, pour que la chaîne reprenne l'initiative d'une communication offensive et efficace auprès de toutes les cibles stratégiques.

Il ne faut pas vouloir anticiper la sortie de crise. Après une crise, il faut laisser le temps faire son œuvre avant de pouvoir reconstruire une stratégie de communication efficace. Cette reconquête doit mobiliser des moyens importants sur une période longue.

SRAS

Le SRAS (syndrome respiratoire aigu sévère), initialement appelé pneumopathie atypique, a donné lieu à une crise très… typique du début du XXIe siècle. Elle est même très exemplaire : aussi bien par son caractère mondial que par la réactivité des organisations sanitaires mondiales (OMS) et locales, ou encore par les inquiétudes qu'elle a générées.

C'est une maladie grave qui peut être mortelle (létale), transmissible d'homme à homme. Son origine est un coronavirus totalement inconnu. L'épidémie démarre en Chine à la fin 2002 et « s'impose » au niveau mondial en mars 2003. Il convient ici de rappeler qu'il y a eu environ 8 000 cas et près de 800 morts du SRAS.

Cette épidémie portait en elle les ingrédients d'une crise d'ampleur : un virus inconnu, à transmission interhumaine, dont les symptômes peuvent être confondus avec d'autres maladies non-mortelles, et originaire d'un pays considéré à tort ou à raison comme peu transparent (on précisera à ce sujet deux éléments : d'abord, la Chine a fait preuve d'une réelle volonté de collaboration internationale et, ensuite, les accusations contre la Chine ne prennent pas en compte les critères de vigilance sanitaire moins élevés, dans un pays à bien des égards encore en développement, sans oublier le ratio des personnes décédées au regard de la population : ramené à la population française, cela représenterait 35 personnes !). En définitive, nous avions tous les ingrédients d'une crise où la peur collective irrationnelle devient plus importante que la réalité du risque.

Rappelons quelques faits : les premiers cas apparaissent à la mi-novembre 2002 dans la province du Guangdong (Chine). Le SRAS n'a commencé à se répandre dans le monde qu'à partir du 21 février 2003, par un médecin logeant au Metropole Hotel de Hong Kong. C'est de là que la « diffusion » du SRAS a débuté. Il s'est rapidement propagé par les voyageurs aériens.

L'OMS a publié sa première alerte mondiale le 12 mars 2003, et ses recommandations d'urgence pour les voyages le 15 mars 2003. La mobilisation très forte de nombreux pays dans le monde a pu éviter des transmissions ultérieures, ou fortement limiter les cas supplémentaires. Il semble que la chaîne de transmission interhumaine de cette maladie ait été interrompue en juillet 2005.

La crise a bien été mondiale. L'inquiétude s'est répandue dans la plupart des grands pays industrialisés, y compris en France (pays où il n'y a eu aucune contamination).

Pourtant, au début du mois d'avril 2003, plus d'un Français sur deux (53 % selon le sondage des 4 et 5 avril 2003 de TNS Sofres) se disaient inquiets à cause du SRAS, alors même que commençait une déferlante médiatique qui durera quelques semaines.

On retiendra que face à l'incertitude scientifique, notamment sur la possibilité et l'ampleur de l'extension de l'épidémie en pandémie, les autorités sanitaires, les médias et par ricochet les populations ont massivement adopté le principe de précaution*. Celui-ci s'est essentiellement traduit par un très net ralentissement des déplacements en général, et aériens en particulier, en et vers l'Asie, mais pas seulement... En effet, les déplacements en France métropolitaine ont également fortement diminué ! Ce fut en quelque sorte une extension très large du principe de précaution. À l'exception notable du Premier ministre français, Jean-Pierre Raffarin, qui n'a pas annulé son déplacement officiel en Chine en avril 2003 (en pleine crise), contrairement à tous ses homologues qui ont eux annulé leurs voyages programmés.

La mobilisation internationale (initiée par l'OMS) a été sans précédent. Les mesures d'isolement et de quarantaine étaient nécessaires et salutaires ; elles ont permis de circonscrire l'épidémie dans l'espace et dans le temps – bien que nous ne sachions pas toujours si l'ampleur donnée à cette crise était motivée par un risque réel. Pourtant, il y a bien eu une crise, plus exactement une crise dans la crise. En effet, des secteurs économiques du monde entier ont subi le SRAS : transport aérien, tourisme. La crise du SRAS, qui est restée virtuelle en France, s'est transformée en une crise bien réelle. C'est aussi en cela que le SRAS est une crise d'un genre nouveau, une crise du XXIe siècle, caractéristique des crises auxquelles les organisations doivent maintenant se préparer.

Stratégie

La soudaineté et la brutalité d'une crise supposent que le choix d'une stratégie se fasse très rapidement et dans un contexte mouvementé, ce qui n'est pas la condition idéale pour définir les meilleures stratégies. Pourtant, c'est une « figure imposée » car, bien évidemment, il est illusoire de penser que l'on peut définir une stratégie de communication de crise en amont.

La stratégie de communication de crise doit intégrer tous les paramètres internes et externes, le jeu de tous les acteurs et le contexte (économique, social, politique, médiatique...). Autant d'éléments qui ne peuvent être réellement anticipés. Cependant, l'anticipation* est utile pour faire le choix d'une bonne stratégie. Car il y a des questions de principe ou de fond qu'une organisation peut se poser « à froid », optant ainsi pour des partis pris stratégiques qui guideront et faciliteront les choix quand le temps vient à manquer.

Il n'y a pas de règles d'or pour définir une stratégie ; il n'y a pas de stratégie « clés en main ». Les crises sont de natures trop différentes pour généraliser les choix stratégiques. Les variations sur un même thème sont infinies. Cela dit, les alternatives ne sont pas innombrables, partant du principe que l'évitement, la négation ou le mensonge face à une crise sont soit une irresponsabilité soit une erreur.

Le décisionnaire doit schématiquement élaborer sa stratégie par rapport à trois grands axes stratégiques : affronter directement la crise ou, au contraire, préférer la stratégie de contournement ; aller seul face à la crise, ou choisir la stratégie des alliés ; prendre l'initiative de dévoiler le problème (le sujet de la crise) pour le désamorcer* ou attendre sa médiatisation pour se donner le temps de réagir à la crise. La nature de la crise, de l'organisation concernée et son histoire, le contexte, la personnalité des décisionnaires sont autant d'éléments essentiels pour arbitrer ces alternatives dans chacun des trois axes possibles.

Une posture qui vaut pour toutes les organisations est que, face aux crises des temps modernes (celles où l'image, c'est-à-dire la communication et la protection de la valeur de marque* est essentielle), la stratégie doit se bâtir autour de la règle du jeu* TEM (Transparence, Empathie*, Mobilisation*). Les réactions, le dispositif et les actions initiés par une stratégie globale doivent être empreints de ces trois attitudes.

Tempo

Avoir le bon tempo, c'est avant tout garder la maîtrise des événements. Or, le seul moyen d'y parvenir est de prendre l'initiative et de ne pas rester en retrait sur l'événement ni en retard sur le déroulement des faits. Avoir la maîtrise du temps ne veut pas dire qu'il faille décider seul du moment où agir et parler. Au contraire, les attentes des parties prenantes sont vitales. Elles sont une contrainte à intégrer tout au long de la gestion de crise. Tout se joue au début de la crise. Une stratégie* qui consisterait à vouloir temporiser peut être interprétée comme une volonté de ne pas agir, de ne pas s'exprimer. La « lenteur » est comprise comme une réticence. Dès lors, la pression augmente sur l'organisation et l'on perd la maîtrise du temps.

Le bon tempo est un mélange d'initiatives et de bonne réactivité.

Terrorisme

Le terrorisme est une crise de type «chaotique» qui bouleverse les principes de la gestion de crise. C'est dans bien des cas une «crise d'État*», au contraire des crises subies par les organisations. Au sens où elle fait d'abord intervenir les autorités* gouvernementales, même si les conséquences de l'acte terroriste touchent des infrastructures, des biens ou des personnes appartenant à une organisation.

Ce postulat implique que la responsabilité* de l'organisation «victime» directe ou indirecte d'un acte de terrorisme soit surpassée. L'organisation est concernée – elle doit gérer les conséquences –, mais elle n'est que rarement exposée, au moins médiatiquement, sa responsabilité n'est que rarement mise en cause.

De fait, qu'il s'agisse des transports collectifs, aériens, de l'hôtellerie... un acte terroriste ne met que très rarement en cause une organisation dans la chaîne des responsabilités à l'origine de la crise. Les organisations peuvent néanmoins être mises en cause pour ne pas avoir su anticiper, protéger, ou respecter les mesures de sécurité.

Les conséquences de l'acte terroriste sont hélas très souvent dramatiques, graves et traumatisantes. Elles nécessitent une mobilisation* sans délai et sans faille de l'organisation touchée pour faire face à trois enjeux clés. Se préoccuper des victimes* (internes ou clientes) ; rétablir le fonctionnement de l'organisation ; rassurer les équipes, les collaborateurs. Ce n'est qu'après qu'il conviendra d'informer les clients sur les mesures de sécurité.

Les organisations exposées au terrorisme sont pour l'essentiel recensées par les pouvoirs publics et travaillent de concert avec les services compétents afin de prévenir les risques* et d'assurer une meilleure sécurité. Cette démarche s'inscrit, entre autre, dans le cadre du plan* Vigipirate.

Enfin, il y a les «victimes collatérales» des attentats terroristes, en termes économiques. Cela peut concerner des secteurs d'activité entiers. Les conséquences sont plus ou moins longues (par exemple : la baisse de fréquentation d'une destination touristique). Les outils du management des risques sont assez inopérants dans ces crises. Seuls le temps et les stratégies promotionnelles peuvent permettre la reconquête.

La France face au terrorisme

Livre blanc du Gouvernement sur la sécurité intérieure face au terrorisme

La menace terroriste a profondément changé de nature. Comme la plupart de ses partenaires, la France a adapté ses moyens d'action à ce nouveau contexte. La loi du 23 janvier 2006 relative à la lutte contre le terrorisme a ainsi permis de renforcer notre prévention face aux évolutions des moyens de transport et de communication. En définissant une stratégie de long terme, le livre blanc s'inscrit dans cet effort pour améliorer le dispositif de lutte contre le terrorisme. Il est le fruit d'une réflexion associant des professionnels du renseignement, des magistrats, des hauts fonctionnaires, des journalistes et des universitaires. Selon les auteurs de l'étude, l'adaptation des dispositifs et la coopération internationale doivent être accompagnées d'une large mobilisation afin de relever le défi du terrorisme. Le livre blanc est là pour apporter une information claire sur la réalité de la menace et sur les moyens mis en œuvre pour y faire face.

▶ *voir aussi* PLANS GOUVERNEMENTAUX

Total

Il est difficile de traiter de la gestion de crise sans évoquer l'entreprise française qui a connu les crises les plus emblématiques des dix dernières années : l'*Erika*, AZF*, des problèmes en Birmanie, notamment. L'exemple de Total offre plusieurs paradoxes. C'est une grande entreprise dont on aurait pu penser qu'elle était « armée » pour faire face à la crise. Or, l'*Erika* a donné l'exemple d'une succession d'erreurs transformant une catastrophe écologique en réelle crise pour l'entreprise.

L'une des plus grandes entreprises de France visiblement n'avait pas anticipé ce type de crise, et donc pas pris les mesures de précaution adéquates. Certes, les événements se sont passés au sein d'activités périphériques ou de filiales. Cela ne présage donc pas de ce qui a pu être préparé dans son cœur d'activité. Mais les victimes et l'opinion publique ont d'abord retenu cette lacune. La crise de l'*Erika* est devenue un cas d'école de ce qu'il ne faut pas faire en matière de gestion de crise : l'impression de manque de réactivité et de mobilisation*, l'apparence du mépris du président et donc de l'entreprise, le défaussement de la responsabilité*, les arguties juridiques...

L'exemple de l'*Erika* souligne bien que, dans les crises d'aujourd'hui, on peut avoir raison juridiquement mais tort médiatiquement ; il montre aussi que l'on peut admettre l'accident, mais que l'absence de compassion et de compréhension des impacts* de la crise est impardonnable.

L'autre paradoxe de ces crises réside dans leurs faibles impacts économiques alors qu'elles ont gravement mis en cause l'entreprise. Contrairement à une multitude d'autres exemples où des sociétés ont été fragilisées, voire ont disparu après une crise, les crises que Total a connues n'ont à aucun moment fragilisé le développement et la formidable croissance de l'entreprise.

Toutefois, Total n'est pas passé au travers de la crise sans dommages. Sa mauvaise gestion de ces événements s'est probablement avérée coûteuse en réparation et son image a été ternie. La lente, très lente reconstruction de l'image coûte elle aussi très cher.

Que l'exemple de Total ne donne pas une mauvaise perception de l'impact des crises pour les organisations. Ces crises sont intervenues peu de temps avant que les prix du pétrole ne s'envolent (contribuant ainsi à la bonne santé de l'entreprise). Par ailleurs, ces crises ont certes eu un impact très important en France, mais ce pays est loin d'être le principal marché de Total. Enfin les graves accidents n'ont pas concerné le cœur d'activité de l'entreprise ; ils n'ont donc pas remis en cause son économie.

Training

La meilleure préparation est l'entraînement. Comme pour toute pratique sportive ou intellectuelle, l'entraînement fait la différence. La prise de parole en public n'est pas un exercice naturel, d'autant plus lorsqu'elle s'exerce dans un contexte difficile, déjà perturbant. Elle se prépare pour ne pas laisser la place à l'improvisation : c'est le *media training*.

Dans un souci d'efficacité, le mieux est de se mettre en situation quasi réelle : un interviewer, un temps limité et du matériel d'enregistrement audiovisuel (pour mieux analyser les exercices*). Le *media training* est une interview* «à blanc» qui permet un travail sérieux sur le fond des messages que l'on souhaite délivrer. Mais c'est aussi le meilleur moyen de travailler la communication non-verbale, c'est-à-dire le comportement de l'interviewé. Cette préparation est une manière de dédramatiser une situation peu naturelle et où la tension est forte.

Le principe est assez simple. Il consiste, sur la base des argumentaires, des questions/réponses* préparés en amont, de se prêter à l'exercice de l'interview journalistique ou de l'entretien, en n'évitant aucune question et en analysant objectivement la qualité des réponses données.

L'enjeu est de pouvoir balayer l'ensemble des sujets qui sont susceptibles d'être évoqués par un journaliste*. Cette préparation présente l'avantage de confronter les argumentaires à la «réalité» d'une interview et, donc, d'en évaluer la pertinence. Elle permet également de tester les différents porte-parole* pressentis par l'organisation, facilitant ainsi une sélection en vue de désigner le plus efficace.

▶ *voir aussi* INTERVIEW, QUESTIONS/RÉPONSES, JOURNALISTES, LES 5 W

Transparence

Il y a deux écueils à éviter lors d'une crise : se cacher (garder le silence*, mentir par omission, voire cacher la vérité) et se soumettre à la transparence totale. Dans une crise, il faut d'emblée se situer du côté de la transparence, même s'il convient pour les organisations de ne pas se transformer en « maison de verre ».

Une des trois règles essentielles de la gestion et de la communication de crise, la transparence, est avant tout une posture, de plus en plus exigée par l'opinion publique et les médias. Cela ne consiste pas à tout dire. Tout n'est pas aisément explicable, tout ne peut pas être dit pour des raisons de complexité, de confidentialité, de concurrence. Mais il faut dire ce que l'on peut dire et ce que les publics concernés attendent de l'organisation impliquée.

Il s'agit en réalité surtout de montrer que l'on ne cherche pas à cacher la vérité, les faits, la faiblesse, l'erreur. La transparence, c'est aussi faire la preuve de sa mobilisation* pour résorber la crise.

Pourquoi jouer la transparence ? Parce que dans une gestion de crise, le manque de transparence est fatal. C'est vrai également avant que la crise n'apparaisse. Masquer la vérité ou refuser d'anticiper une crise dont on pressent l'avènement participe d'un même état d'esprit : l'opacité. Et cela se retourne toujours contre l'organisation et ses dirigeants.

Nombreuses sont les crises dont l'effet amplificateur réside dans la volonté délibérée des organisations d'en taire les causes le plus longtemps possible : Nestlé et son lait maternisé (2005), ou encore Sony avec le problème des batteries qu'il fabrique pour les ordinateurs portables (impactant Dell, Apple et bien d'autres constructeurs).

▶ *voir aussi* JEU TEM

Transparence nucléaire

La directive interministérielle 4700/SGDN/PSE sur l'action des pouvoirs* publics en cas d'événement entraînant une situation d'urgence radiologique a été publiée au *Journal officiel* du 10 avril 2005. Elle s'inscrit dans la politique de transparence du Gouvernement en matière nucléaire, en préconisant et réglementant l'information du public et des médias sur les sujets se rapportant à la sûreté nucléaire et à la radioprotection. Elle permet aux personnes qui résident à proximité d'une installation d'être informées de ce qui se passerait si un accident entraînant un dégagement radioactif venait à se produire. Elle unifie aussi l'organisation de crise des pouvoirs publics dans les domaines nucléaire et radiologique civils et de défense.

Tsunami, tremblement de terre, typhon, tornade et autres catastrophes naturelles

Si bien des crises peuvent être correctement gérées, les risques naturels font partie de ces crises dont l'ampleur et la soudaineté rendent extrêmement difficile la réaction/gestion. Ce sont des crises de type chaotique.

Les tsunamis, tremblements de terre, typhons, tornades et autres catastrophes naturelles peuvent être – et sont, même – relativement bien anticipés. On peut en détecter les signes annonciateurs. On peut éviter de construire dans certaines zones sensibles. On peut imaginer des infrastructures plus résistantes... Et pourtant, on ne peut souvent rien contre les éléments qui se déchaînent. Le chaos* est difficile à gérer.

Les catastrophes naturelles sont destructrices de vie, mais aussi d'infrastructures – ralentissant ou empêchant les secours. Leur gestion fait appel à des moyens autres que ceux utilisés lors des crises auxquelles les organisations sont confrontées : police, armée, protection civile, pompiers, médecins...

Paradoxalement, ces catastrophes meurtrières ne provoquent pas la même couverture médiatique et elles ne bénéficient pas de la même mobilisation que des crises de beaucoup moindre importance (en termes d'impacts humains). Cependant, il y a eu des exceptions récentes, avec notamment l'exemple du tsunami à la Noël 2004 en Asie du Sud-Est. Toutefois, les catastrophes naturelles peuvent déclencher d'autres crises et ainsi prendre une dimension médiatique très importante. Cela a été le cas, par exemple, de la canicule* en France (2003) ou de l'ouragan Katrina à La Nouvelle-Orléans (États-Unis) en 2005.

On peut s'interroger sur les inégalités de traitement (au sens de la mobilisation des opinions publiques et, donc, de la communauté internationale) des catastrophes naturelles. Pourquoi accorde-t-on plus d'importance à tel tremblement de terre dramatique qu'à tel autre, tout autant dramatique. La réponse n'est pas aisée, mais il semble qu'elle réside, comme pour toutes les crises, dans les particularités du contexte (politique, économique, social, médiatique...), ainsi que dans la proximité (géographique, affective, capacité à se projeter) entre l'événement et les opinions publiques internationales.

▶ *voir aussi* CHAOS

U

Ubiquité

Pour gérer une crise dans toutes ses dimensions, il faudrait que le décisionnaire dispose du don d'ubiquité, mais, hélas, personne n'a ce don !

La crise mobilise, en effet, toutes les énergies de l'organisation, plusieurs de ses services : direction, communication, techniques, industriel, qualité, juridique, commerciaux, ressources humaines... Le décisionnaire en charge de la crise devient un homme-orchestre dont le temps est compté.

La crise exige une grande réactivité : devoir gérer immédiatement. Il faut le temps de la réflexion pour élaborer une stratégie*, mais il y a aussi le temps de l'action. Des actions démultipliées en direction de tous les publics de l'organisation et de l'interne*. Penser à tous les détails, aux implications, aux coordinations. Il faut savoir organiser la gestion de la crise, ce qui suppose nécessairement de déléguer. Mais encore faut-il le faire en s'assurant de la plus grande cohérence*.

Pour palier le don d'ubiquité qui fait défaut, la *war** *room* s'impose, comme organisation du commandement et garant de la cohérence et de la rapidité de réaction. L'ensemble des sollicitations internes et externes doit y converger pour que le décisionnaire puisse prendre en compte toutes les dimensions et l'ensemble des volets de la crise.

Unilatéral

Adopter un comportement unilatéral ou prendre une décision sans concertation, voilà l'erreur à ne pas commettre. La perception d'une crise, de la responsabilité* engagée et du comportement de l'organisation impliquée peut revêtir des aspects très différents. Il y a, dans un contexte de crise, la réalité et la perception de la réalité. Mais l'irrationnel domine toujours.

En matière de gestion de crise, le principe de réciprocité et d'interactivité prévaut. Le dialogue et l'information sont nécessaires – avec les autorités* publiques (administrations, élus locaux, Gouvernement...), avec les associations concernées, avec les partenaires, les clients ; c'est l'ensemble des parties prenantes avec lesquelles il faut prendre le temps d'expliquer et d'informer sur les actions que l'organisation compte mettre en œuvre. On peut même envisager de les tester pour mesurer leur réaction. L'objectif est double : montrer que l'on se mobilise pour corriger les effets de la crise, et donner le sentiment à tous les protagonistes concernés qu'on les associe à cette mobilisation*.

La décision (ou l'annonce) unilatérale est souvent à l'origine de dérapages dans la gestion de crise. Effet d'annonce sans suite, volonté de rassurer trop précoce, action intempestive… autant d'erreurs pouvant être dictées par la précipitation, le stress, voire l'agacement.

Il y a, bien évidemment, des décisions que seule l'organisation concernée peut prendre, et la crise oblige à réagir vite, très vite. Mais la crise est un « jeu d'acteurs ». Il convient simplement de respecter ce « jeu » et d'intégrer la concertation ou, du moins, l'information préalable dans la manière de gérer la crise.

▶ *voir aussi* PUBLICS CIBLES

Urgence

La crise est très souvent une situation d'urgence. L'élément déclencheur*, la soudaineté de l'émergence d'une crise provoquent une situation nouvelle face à laquelle il faut réagir en urgence. C'est vrai y compris dans les cas de crise de basse intensité, celles dont les faits générateurs existent depuis longtemps, ou les crises « feuilletons* ».

Une fois que l'organisation est entrée en crise (sachant que cette étape peut être difficile à cerner), la gérer devient la priorité absolue. Bien sûr, il convient de ne pas confondre précipitation et urgence. C'est la raison pour laquelle le premier réflexe consiste à hiérarchiser les priorités : penser aux victimes*, définir une stratégie*, organiser les premières réactions et actions, s'assurer de leur mise en œuvre avec une grande rapidité d'exécution, et communiquer. Une multitude de questions se posent, des mesures et des décisions sont à prendre très rapidement. Il faut pouvoir conduire de front la gestion de la crise, le pilotage de l'organisation (parce que la vie continue) et communiquer.

On croit savoir gérer les urgences parce que l'on croit le faire quotidiennement hors situation de crise. Mais la réalité est un peu différente. La crise ne supporte pas l'approximation et les erreurs sont vite sanctionnées. La seule méthode valable pour gérer l'urgence d'une crise est encore de s'y être préparé. Se préparer relève de l'anticipation* pour disposer des processus et des outils nécessaires à la gestion de crise. On évite les oublis, les doutes, les tâtonnements qui peuvent être fatals. C'est aussi de pouvoir s'appuyer sur une logistique sans faille *(voir* WAR* ROOM*)*. Enfin, se préparer à l'urgence, c'est simuler une situation de crise pour que les décideurs soient mis dans les conditions de stress propres à sa gestion.

En définitive, la crise se gère *avec* urgence plus que *dans* l'urgence. Mais l'urgence est aussi une posture qui consiste à montrer l'importance que l'organisation accorde à la crise et sa totale mobilisation*, comme son entière détermination, à résoudre les problèmes posés. L'absence de réaction, ou la faiblesse de la réaction, d'une organisation peut largement être interprétée comme un laxisme, une inconscience ou, pire, un mépris face aux événements et leurs conséquences.

▶ *voir aussi* TEMPO, QUAND

État d'urgence [1]

L'état d'urgence est déclaré par décret en Conseil des ministres. Ce décret détermine la ou les circonscriptions territoriales à l'intérieur desquelles il entre en vigueur.

L'état d'urgence peut être déclaré sur tout ou partie du territoire national, soit en cas de péril imminent résultant d'atteintes graves à l'ordre public, soit en cas d'événements présentant, par leur nature et leur gravité, le caractère de calamité publique.

La prorogation de l'état d'urgence au-delà de douze jours doit être votée par le Parlement.

La loi de 1955 permet notamment d'interdire la circulation des personnes ou des véhicules dans les lieux et aux heures fixés par arrêté, d'instituer des zones de protection ou de sécurité où le séjour des personnes est réglementé, d'interdire le séjour dans tout ou partie du département à toute personne cherchant à entraver, de quelque manière que ce soit, l'action des pouvoirs publics.

1. Loi nº 55-385 du 3 avril 1955 instituant un état d'urgence.

V

Vacances

Les vacances annoncent un repos salvateur et attendu, mais cette période constitue pour bien des organisations une période de vulnérabilité particulière. Les périodes estivales ou les fêtes de fin d'année ont leur lot d'imprévus... Qui s'y prépare ? Pendant les vacances, les bureaux se vident, les managers se dispersent, les staffs se dépeuplent.

Si les organisations développent des dispositifs élaborés d'anticipation* des risques*, de gestion des crises, investissent dans la définition de procédures, le déploiement d'outils de veille*, la mise en place de cellules* de crise... elles paraissent souvent considérer les vacances comme une parenthèse de la responsabilité.

Combien d'organisations s'assurent-elles que les membres décisionnaires de la cellule de crise ne partent pas tous en même temps en vacances? Combien pensent à mettre à jour la fiche contacts des membres avec les numéros auxquels ils peuvent être joints, y compris au fond de nos campagnes ou dans de lointaines îles exotiques… ? Combien adaptent leurs processus à la configuration restreinte de leurs effectifs? L'astreinte est développée dans certains secteurs (industriel, médical…), mais pour les autres?

Personne n'est pourtant épargné et le déclenchement de la crise reste imprévisible. Les risques ne sont certes pas tous forcément majeurs ou évidents… au départ du moins! Baisse d'actualité oblige, les médias veillent. La période d'accalmie médiatique fait la part belle à des événements qui n'auraient peut-être pas trouvés un écho aussi retentissant en temps normal.

Sans un suivi et un traitement adaptés, les incidents les plus anodins, en apparence, peuvent très vite avoir des conséquences graves, jusqu'à mettre en péril la survie d'une organisation. On le sait, en matière de gestion de crise, les premières heures sont cruciales. La prévention des risques, c'est donc d'abord s'assurer de la permanence de la décision, de la réaction.

Préserver l'image d'une organisation, sa réputation*, est une activité à temps plein et ne souffre aucune négligence, y compris estivale. Et, non, le mois d'août ne fait pas exception, il requiert la même vigilance, le même degré de responsabilité que les autres mois de l'année. On peut souffler, lever le pied, mais les crises ne s'arrêtent jamais : des adaptations des circuits d'alerte* et de décision sont nécessaires, des délégations de fonctions impératives (qui prend la parole en l'absence du porte-parole* «officiel»?)…

L'une des règles essentielles de la prévention des risques, c'est d'intégrer le fait qu'eux « ne prennent jamais de vacances » !

Vache folle

Le choix des mots a son importance, la sémantique n'est pas neutre, surtout dans une crise. La « vache folle » est moins connue sous son vrai nom : l'encéphalopathie spongiforme bovine (ESB). Il est nom scientifique en aurait rebuté plus d'un. Le terme « vache folle » avait un potentiel médiatique supérieur. C'est celui que tout le monde aura retenu.

La crise de la « vache folle », donc, est une des crises les plus emblématiques des dernières années. Le baromètre de l'Observatoire* des risques sanitaires la fait ressortir en tête de celles dont les Français se souviennent (première en 2005 et deuxième en 2006).

En France, la crise s'est déroulée en deux temps : il y a eu une première crise en 1996 (que finalement beaucoup auront oubliée) et une seconde dont l'impact a été beaucoup plus important en 2000-2001.

Ainsi, même si nombreux sont ceux qui ont retenu le pic de cette crise (la phase de psychose* des mois de novembre et décembre 2000), elle est marquée par un processus de lente émergence : plus de quatre ans se sont écoulés avant que le paroxysme ne soit atteint. La seconde vague est venue après que plusieurs cas d'ESB ont été relevés, tout au long de l'année 2000, dans les exploitations agricoles françaises et dans les pays européens voisins.

L'identification des cas de vaches atteintes de la maladie s'est progressivement imposée dans les médias, mais c'est surtout la méthode d'éradication par l'extermination des troupeaux qui a suscité l'attention croissante des médias et de l'opinion publique.

Dans ce contexte – qui était encore une situation de crise de basse intensité –, l'élément déclencheur fut la découverte d'un lot de viande, issu d'un élevage où un cas de vache contaminée avait été recensé, vendu dans une grande surface de l'enseigne Carrefour et fourni par SOVIBA. La crise devenait alors aiguë. Elle concernait désormais tous les consommateurs (et non plus uniquement les agriculteurs), donc chacun d'entre nous, avec tout le potentiel d'une crise sévère : une connaissance très embryonnaire des impacts* pour la santé humaine mais avec des hypothèses alarmistes ; un vecteur hautement sensible : la nourriture ; un « péché capital » : l'avidité des hommes ; une « déviance » : l'emploi des farines animales (pour nourrir les bovins herbivores avec de la viande !).

Tous les ingrédients d'une crise explosive sont réunis.

Pourtant, cette crise qui a connu une très forte intensité pendant une période très longue (plusieurs mois) est un exemple frappant de disjonction entre le risque réel et la crise. Son impact médiatique et l'alarmisme de très nombreux acteurs (experts*, autorités* publiques, médias...) ne doivent pas faire oublier que l'impact sanitaire réel en France et en Europe, onze ans après le début de la crise, est heureusement toujours extrêmement limité. Le risque réel pour les Français (et pour les Européens) était donc infinitésimal.

La crise de la « vache folle » a en réalité pris une tournure dont on a moins parlé, en provoquant une crise cette fois-ci bien réelle : exploitations agricoles touchées, filière bovine traumatisée, distribution (boucheries, grandes surfaces...) très atteinte, avec des ventes de viande qui ont chuté de plus de 50% durant de longues semaines. Il aura fallu attendre plus d'un an pour que la consommation de viande en France retrouve un niveau proche de celui d'avant la crise.

Une crise peut donc en cacher une autre. Plus exactement, une crise dont l'ampleur est essentiellement médiatique peut générer, par ses emballements, d'autres crises bien réelles. Mais, surtout, parmi les principaux enseignements de la crise de la «vache folle», on retiendra que la réalité des dangers n'est pas une condition nécessaire pour faire émerger une crise.

Valeur (atteinte à la)

La crise est une atteinte parfois grave à la valeur (financière) de l'organisation et aussi à ses valeurs. Elle peut entamer la capacité de production, la confiance des clients, l'adhésion des salariés, la réputation* et/ou la marque* de l'organisation. Elle peut aussi faire douter les investisseurs (banques, Bourse), les autorités* publiques, les partenaires, les médias.

Dès lors, la crise handicap l'activité de l'organisation, en freine son développement; elle est destructrice de valeur. C'est l'une des sanctions* immédiates des crises et c'est à l'aune de cette sanction que les crises doivent être anticipées et que les organisations doivent se préparer à la crise.

La perte de valeur peut prendre des proportions très significatives dès lors qu'elle touche un des actifs essentiels de l'organisation. Une entreprise cotée en Bourse touchée par une crise peut voir chuter le cours de ses actions : il existe de très nombreux exemples dans tous les secteurs d'activité. Chaque fois, les entreprises concernées ont été fragilisées jusqu'à pouvoir devenir des proies pour des concurrents ou des fonds d'investissement.

Parmi les actifs très exposés à la perte de valeur, on recense aussi, bien évidemment, la marque et la réputation. L'évaluation est plus difficile, parce que la valeur de ces actifs est plus intangible. Néanmoins, les entreprises y attachent – à juste titre – une importance toujours plus marquée.

L'exemple du fabricant de pneus Michelin, lors de la crise provoquée par un accident survenu sur un pneu de la voiture de Ralf Schumacher lors des essais d'un Grand Prix de F1 à Indianapolis en 2005, nous semble intéressant. À la suite de l'incident, le fabricant décide de ne pas faire rouler les voitures équipées de ses pneus en raison d'un virage considéré comme trop dangereux et pouvant provoquer d'autres accidents pendant la course. Cette décision est très difficile puisqu'elle revient à « saborder » le Grand Prix et envenime fortement les relations du fabricant avec la Fédération internationale de l'automobile ; elle accélère sa décision de se retirer de la compétition F1. Mais cette décision, très bien accompagnée par les responsables de l'entreprise (dédommagement accordé aux spectateurs, notamment), est d'abord motivée par la volonté de Michelin de préserver la marque et la réputation. L'engagement du fabricant dans ce type de compétition visait à peaufiner son image sur la technicité et les performances de ses produits auprès d'un public averti. L'accident très médiatisé et les risques qu'il se reproduise dans la zone dangereuse du circuit étaient susceptibles d'abîmer la réputation de la marque.

Une crise peut aussi remettre en cause les valeurs des organisations. C'est vrai lorsque la crise trouve sa source dans une négligence*, une défaillance, une malveillance* interne à l'organisation et va ainsi à l'encontre de ses propres valeurs. Or, les organisations mettent en exergue de plus en plus souvent leurs valeurs dans leur communication à destination du grand public, de leurs clients et de leurs salariés. L'impact* d'une crise mettant en cause les valeurs d'une organisation créé une distance avec ses publics cibles par la déception des promesses faites ; cela peut aussi être une démobilisation des salariés entraînant une perte de productivité.

Les impacts sur la valeur des organisations dépendent moins de la nature de la crise que de la gestion et de la communication de crise. Ainsi, les enjeux de la stratégie* adoptée consistent essentiellement à limiter au maximum les impacts provoqués pour préserver la valeur.

▶ *voir aussi* SANCTION, FACTURE

Veille, vigie

Les crises n'apparaissent jamais sans prévenir. Il y a toujours des signaux ; ils peuvent être faibles, ils peuvent apparaître à très courtes distances temporelles de l'événement générant la crise, mais ils existent. Pour les détecter, il faut être disposé à les entendre : c'est la culture* du risque. Quand cette culture existe dans une organisation, elle se donne les moyens humains et techniques d'être en état de vigilance par rapport à son environnement.

Le premier élément de la démarche est de savoir sur quoi faire porter l'effort de veille. Assurément le spectre du dispositif de veille est plus large que celui de la veille concurrentielle, bien qu'il faille l'intégrer. Il faut y ajouter l'environnement réglementaire et législatif. Il faut aussi être à l'écoute des associations (consommateurs, riverains*...) et des mouvements de l'opinion publique. Le dispositif de veille se fait au travers des canaux d'information informels et professionnels, des médias, du Web...

La deuxième question à résoudre consiste à savoir comment mettre en œuvre un bon dispositif de veille. Les moyens humains, c'est d'abord la sensibilisation de tous – et plus particulièrement du management – aux vulnérabilités* et aux risques* auxquels est exposée l'organisation. Les organisations responsables disposent d'une culture du risque et, donc, d'équipes sensibilisées. Il faut aussi pouvoir compter sur des outils de veille performants, en mobilisant des moyens techniques adaptés à chacun des canaux.

Enfin, la dernière question est : comment interpréter les signaux détectés par le dispositif mis en place ? Il n'y a pas de solution miracle pour y parvenir systématiquement. Mais pour augmenter la probabilité de réussite, il est souhaitable non seulement que les données ainsi récupérées soient analysées, mais aussi qu'elles soient partagées par le management. C'est le partage d'informations qui souvent permet d'identifier les sources d'un risque nouveau.

▶ *voir aussi* ALERTE

Victimes

Les crises font des victimes de toutes natures : accidentés, salariés sanctionnés, clients floués, filières professionnelles touchées, riverains* pollués... la liste est infinie. Les niveaux d'impacts* sont différents selon la nature du dommage ; il faut donc procéder à une hiérarchisation des victimes, même si chacune d'entre elles doit être « traitée » à part entière.

La réponse à une crise s'organise, les messages et les actions se hiérarchisent. Lorsque la crise touche des personnes, la réponse devra considérer l'impact humain en priorité. Ainsi, le premier réflexe doit toujours être pour les victimes humaines. C'est évidemment une priorité absolue quand les dégâts sont sanitaires et corporels. Une personne blessée ou décédée à la suite d'un « événement » dramatique doit mobiliser l'organisation concernée par la crise (y compris si elle n'est pas responsable).

Cela implique de sécuriser au plus vite les populations susceptibles d'être touchées, d'organiser les secours et la prise en charge des malades, des victimes, et de s'adresser immédiatement aux familles et au public en témoignant de son émotion (*voir* EMPATHIE). C'est une règle de base.

Mais il n'y a pas que les victimes humaines (blessées ou tuées), il y a aussi les victimes morales (qu'il s'agisse de personnes ou d'organisations) qui se sentent – à tort ou à raison – atteintes par un événement. Plusieurs auteurs ont récemment écrit sur la « société des victimes » : ils dressent le constat d'une société où les victimes ont un droit à la reconnaissance. En 2005, la nomination de Nicole Guedj à la tête d'un secrétariat d'État aux

Droits des victimes souligne l'importance accordée à ce phénomène relativement nouveau.

Pour les organisations, les crises s'enveniment ou s'aggravent souvent à cause de leur négligence* dans le traitement des victimes. La plupart du temps, cette erreur ne provient pas d'un manque d'humanité de la part des organisations mais d'une perception différenciée.

En effet, peuvent se sentir victimes des personnes (des associations, des organisations) pour qui l'impact réel est très faible, voire très indirect. Dès lors, le gestionnaire de la crise ne les percevra pas comme des « victimes » prioritaires et ne prendra pas en considération leur perception.

Face à la crise, il convient alors de se mobiliser totalement et de faire preuve d'une réelle empathie pour toutes les victimes. Cette posture attendue devient de plus en plus un « critère d'évaluation » des organisations confrontées à la crise par les médias et l'opinion publique.

▶ *voir aussi* PUBLICS CIBLES

Vulnérabilités

Les vulnérabilités des organisations sont nombreuses et de natures très différentes. Elles peuvent être liées au cœur d'activité ou bien indirectes ; elles peuvent procéder de l'histoire d'une organisation, de sa particularité. Elles peuvent aussi lui être internes ou, au contraire, venir de son environnement externe.

La vulnérabilité est la confrontation entre une organisation, un *business model*, l'environnement concurrentiel, le marché, la réglementation, les tendances de l'opinion publique et la perception médiatique. Elle évolue donc extrêmement vite et est parfois difficile à identifier.

Il faut donc chercher à évaluer les vulnérabilités de la manière la plus juste et objective qui soit, sans toutefois verser dans la paranoïa. Pour cela, le recensement des risques* – à travers par exemple une cartographie* – est utile pour identifier les vulnérabilités auxquelles une organisation est exposée. Ce travail d'introspection est essentiel. Il permet de réduire l'occurrence des risques, de mieux se préparer et de contribuer à l'émergence d'une culture* du risque dans l'organisation.

Si généralement les organisations connaissent quelques-unes de leurs vulnérabilités, elles peuvent souvent faire « l'impasse » sur les plus dangereuses – une impasse par négligence*, ou par refus d'admettre. L'analyse des vulnérabilités permet de faire une revue de détail des risques et de leurs conséquences en intégrant les données internes et externes. La difficulté est bien souvent de procéder avec une réelle objectivité ; en ce sens, le recours à des conseils* externes peut être utile. Une fois identifiées, les vulnérabilités doivent être classées par typologie afin, d'une part, de mettre en œuvre des processus de correction (par des actions de management et d'organisation) et, d'autre part, d'élaborer les processus de gestion des crises adaptés à chacun des types de vulnérabilités.

W

War room

L'expression anglaise *war room* se traduit en français par « cellule de crise », largement usitée. Alors, pourquoi utiliser le terme anglais ? Il est tout simplement plus approprié, puisqu'il intègre la notion de lieu géographique que la locution française n'exprime pas. Il a aussi l'avantage d'exprimer mieux l'atmosphère exceptionnelle qui y règne ; enfin, il manifeste une combativité nécessaire pour faire face à la crise. Celle-ci perturbe les règles de fonctionnement normal de l'activité d'une organisation, en interne, mais aussi dans ses relations avec l'extérieur. La crise chamboule l'organisation et les hommes.

Dans un souci d'efficacité, les gestionnaires de la crise doivent pouvoir se rassembler dans une même salle : objectif de meilleure coordination, de réactivité et de rapidité dans la prise de décision, de respect des procédures, de partage d'informations, de cohérence*.

La *war room* est le centre névralgique de la gestion de crise. Il faut pouvoir s'y réunir rapidement, facilement et pouvoir y travailler. Ne doivent accéder à la *war room* que les gestionnaires de la crise, les responsables identifiés en amont comme ayant un rôle clé pour l'organisation dans la crise.

La logistique de la *war room* doit permettre à l'organisation de piloter la gestion et la communication de crise. Cela nécessite un équipement approprié – pouvoir accéder aux réseaux (téléphoniques, informatiques, médiatiques), disposer des supports nécessaires à la gestion (kit* de crise, coordonnées des personnes clés) – et l'aménagement du lieu doit permettre d'y rester longtemps !

www… le rôle d'Internet

Information, révélation, rumeur*, campagne de dénigrement ou appel au boycott*, outils de contact direct avec les clients, les publics* cibles, Internet est au cœur des crises. Tantôt déclencheur* ou facteur aggravant de la crise, tantôt outil d'aide à la gestion, la révolution Internet impacte la communication de crise comme elle a impacté l'ensemble de la communication.

Média devenu de masse (le second après la télévision), média hyperréactif et interactif de surcroît, il est venu « perturber » l'ordre médiatique établi. D'une part en offrant un nouveau champ d'expression ou de réaction libre, individuelle ou collective, anonyme ou déclarée ; d'autre part, en permettant aux organisations de disposer, sans intermédiaire, sans délai, d'un espace accessible à tous, à tout moment.

Quand il est à l'origine de la crise, Internet est le redoutable créateur ou vecteur d'une rumeur ou le propagateur d'une information, ou d'une désinformation*. Le marketing viral fait rage et la crise se propage au gré de listes de diffusion en carnets d'adresses. Il peut aussi intervenir en relais d'une crise survenue par ailleurs ; il est alors l'amplificateur, le démultiplicateur. On se souvient, suite à l'« affaire » de l'*Erika* ou celle des licenciements chez LU/Danone, de la seconde vie trouvée par ces crises sur le Net : campagne de dénigrement, appel au boycott… après la crise, il y a la rémanence, et Internet n'y est pas étranger.

Mais au-delà de la responsabilité du Net dans le déclenchement ou la persistance des crises, le Web est aujourd'hui devenu un outil au service de la gestion de crise : outil de veille*, d'abord, qui permet de sonder les tendances de l'opinion en surveillant les forums de discussion, les blogs… Outil d'action, aussi, quand il permet de mettre en ligne presque instantanément les informations relatives à la situation, de diffuser des consignes, d'assurer un lien permanent et direct avec ses publics (blog*) ; outil d'anticipation*, quand l'organisation s'est dotée de *« dark sites »* (ou sites dormants) qui peuvent être activés et dédiés dès qu'une crise survient.

▶ *voir aussi* BLOG

Les 5 W

Dans l'exercice de la gestion d'une crise, il est courant que les responsables doivent s'exprimer publiquement, directement ou au travers des médias. Mais, avant toute prise de parole publique, il faut rigoureusement respecter la règle des 5 W, les cinq questions à se poser : *Why, What, When, Where, Who* (pourquoi parler, quoi dire, quand le dire, où le dire et à qui le dire).

Répondre en amont à ces cinq questions est la condition *sine qua non* permettant de « cadrer » son intervention, d'en fixer les limites et les objectifs et de bien la préparer.

• La première question consiste à savoir quelle est la motivation à s'exprimer publiquement, quels sont les objectifs à atteindre. Faut-il rassurer, informer, contredire... ? Chaque prise de parole doit être l'occasion de se demander quel est l'élément essentiel dont on souhaite que le public* cible se souvienne.

• La deuxième question est double. D'une part, elle vise à déterminer les contours de l'intervention, les messages principaux que l'on accepte de diffuser – quelles sont les informations que l'on doit ou peut donner, quels sont les faits. Mais d'autre part, une fois que l'on sait ce que l'on veut dire, encore faut-il savoir comment le dire – avec quels mots, étayés de quels exemples.

• La troisième question est relative au tempo* choisi. Elle pose le problème de savoir si le moment est opportun pour s'exprimer publiquement. Cette notion du temps comprend également la durée de la crise dans laquelle s'inscrit cette prise de parole : la crise en est-elle à ses débuts ? Enfin, la question de savoir quand on s'exprime se pose aussi par rapport aux autres acteurs de la crise : suis-je le premier, le dernier ?

• La quatrième question concerne le choix du lieu de la prise de parole ; il s'agit moins du lieu physique que du canal de communication que l'on choisi. Décide-t-on de s'exprimer à travers les médias ? Et si oui quel type de média ?

• La cinquième question interroge sur le public cible. À qui parle-t-on en priorité ? Est-ce que cette intervention vise d'abord l'interne*, les clients, les pouvoirs publics, le grand public... ? Si la nécessité veut que l'on doive s'exprimer pour un public de décideurs économiques, on choisira un média économique et l'argumentation devra en découler. Si l'on vise un public plus large, on pourra s'exprimer sur un média très grand public avec un message et une formulation adaptés.

La pire des situations est de devoir s'exprimer sans avoir pris le temps ou eu l'occasion de s'y préparer. C'est à cause de cette erreur, ou précipitation, que certaines crises dégénèrent.

▶ *voir aussi* INTERVIEW, QUESTIONS/RÉPONSES

X

X, la grande inconnue

Si les crises peuvent et doivent s'anticiper et s'il y a bien toujours – ou presque – des signaux, même faibles, qui alertent les responsables d'une organisation, il reste un facteur quasi systématiquement inconnu de tous : l'élément déclencheur* de la crise. C'est l'élément imprévisible (la goutte d'eau qui fait déborder le vase), c'est le facteur X qui fait que la crise éclate.

Aucune règle n'existe pour l'identifier ni même l'analyser. Il est la plupart du temps imprédictible, toujours difficilement explicable après coup. Ceux qui ont été confrontés à la crise s'étonnent souvent des raisons pour lesquelles un événement débouche sur une crise alors qu'un autre passera inaperçu.

Il est vain de vouloir imaginer l'imprévisible ou l'impondérable… En revanche, il est nécessaire de se préparer à y faire face. Pouvoir disposer d'une organisation prête à réagir à la crise reste le meilleur moyen de parer à l'inconnu. Car l'accumulation et l'enchaînement des événements sont souvent identifiables et peuvent être évités – à l'exception bien sûr des crises de type chaotique.

▶ *voir aussi* DÉCLENCHEURS

Y

Yalta des mobiles

Le 1er décembre 2005, les trois opérateurs de téléphonie mobile Orange France, SFR et Bouygues Telecom sont condamnés par le Conseil de la concurrence à payer une amende record de 534 millions d'euros à l'État pour entente illicite.

La crise commence en février 2002 avec une plainte déposée par l'association UFC Que choisir, qui reproche aux opérateurs de s'être rencontrés secrètement depuis 1997 pour échanger des informations confidentielles sur leurs stratégies commerciales et leurs prix. Plusieurs articles de presse évoqueront l'enquête de la DGCCRF (Direction générale de la concurrence, de la consommation et de la répression des fraudes), mais c'est l'édition du 24 août 2005 du *Canard enchaîné* qui révèle « *qu'Orange, SFR et Bouygues Telecom sont accusés d'avoir conclu un Yalta du portable* ». Plusieurs articles de presse évoqueront ce qui est perçu par l'opinion publique comme un scandale. Les opérateurs sont fortement mis en cause et n'arrivent pas à lever les soupçons qui pèsent sur eux.

La crise atteint son paroxysme le 1er décembre 2005 avec la décision du Conseil de la concurrence qui sanctionne deux types de pratiques d'entente : l'échange d'informations stratégiques et la répartition concertée des parts de marché. Cette sanction est accueillie comme une véritable victoire pour les associations de défense des consommateurs qui dénoncent cependant le fait que l'amende ne serve pas à indemniser les clients floués des opérateurs. Commence alors une phase de mobilisation des différentes parties prenantes.

Les opérateurs tentent de reprendre la main en interne et en externe pour limiter les impacts* de cette crise sur leur image ainsi que sur le moral de leurs salariés : *vade-mecum* et numéro vert chez Orange, pleine page de publi-information dans les journaux et mobilisation de la direction en agence pour SFR... Ils décident de faire appel de la décision.

De son côté, l'UFC Que choisir se mobilise sur Internet* et par le biais de la presse pour que 30 millions de consommateurs obtiennent réparation. L'association parviendra à recueillir de très nombreux soutiens ; elle réussira même à faire évoluer les mentalités vers les *class actions* puisqu'un projet de loi sur des actions collectives a été présenté à l'automne 2006.

Durant toute la période de cette crise, aucun effet ne se sera fait sentir sur les ventes des opérateurs. L'impact porte davantage sur leur image qui n'est pas très bonne, alors même qu'ils accompagnent 50 millions de consommateurs dans leur vie quotidienne et qu'ils déploient des investissements colossaux en communication publicitaire.

Z

Zéro (risque)

Le chiffre fantasme des sociétés occidentales est le zéro, comme le « risque* zéro ».

Il y a une différence très importante entre les risques assumés que chacun prend tous les jours dans ses activités professionnelles et privées : traverser la rue, pratiquer des sports dangereux ou violents, bricoler, prendre des initiatives, des responsabilités, sont autant de moments où l'on s'expose aux risques et aux dangers. Nous les assumons. Nous faisons la balance entre le risque et l'opportunité ou la nécessité.

L'opinion publique accepte en revanche de moins en moins les risques inconnus ou ceux sur lesquels le contrôle individuel est très limité. On exige donc des acteurs économiques, sociaux, politiques qu'ils veillent à faire vivre ou à imposer le risque zéro.

Les chercheurs, les scientifiques, les ingénieurs savent bien que le risque zéro n'existe pas. Individuellement, nous savons même tous qu'il est illusoire. Mais collectivement, l'opinion publique, nos sociétés l'exigent le plus souvent, et notamment quand les problèmes apparaissent. Lors d'une crise, on reprochera à une organisation d'avoir pris un risque, mais, surtout, on ne lui pardonnera pas de l'avoir fait sans en avertir l'usager, le consommateur. C'est le ressort des crises du XXIe siècle.

Zidane

Zinédine Zidane, ou comment un demi-dieu redevient, en une demi-seconde, un homme, juste un homme, avec ses faiblesses et ses égarements ! Lui, le champion du monde, lui, l'artisan d'une France qui gagne, lui, l'une des personnalités (ou LA, ça dépend des années) préférées des Français, lui, le modèle de toute une génération, lui, fierté nationale aux quatre coins du monde... commet un geste, un seul, mais un geste qui change tout. Nous sommes en finale de la Coupe du monde de football 2006 à Berlin. La France est, tout entière, derrière son équipe, espérant réitérer l'exploit et revivre l'euphorie de la victoire de 1998. À quelques minutes de la fin du match, notre leader, notre champion retrouve ses vieux démons et c'est le drame. Le « coup de boule » est fatal. Il est sorti du jeu. La France perd le match, perd la coupe.

Un petit geste qui pourtant le lendemain fait autant parler de lui que la victoire des Italiens, non seulement en France, en Italie, mais dans le monde entier. Comme pour toute crise, le champion n'a pas fait exception : il a dû gérer, il a dû s'expliquer, il a dû admettre sa faute! Certes, il a tardé, certes, pendant ses quelques jours de silence*, les rumeurs*, les spéculations sont allées bon train. Mais face à l'émotion, à l'incompréhension, il a dû réagir, avec l'appui (l'insistance) de ses alliés (les sponsors) qui avaient grand intérêt à rapidement faire oublier l'incident!

Un geste qui termine la carrière professionnelle d'un demi-dieu. Peut-être un geste « salutaire », finalement, qui lui redonne une forme de faiblesse, donc d'humanité ; un geste qui permet à Zinedine Zidane d'aspirer à une retraite presque normale pour un homme presque normal. Un geste qui aurait pu, au contraire, lui coûter cher. Et c'est là qu'intervient le capital réputation*, le rempart de la « marque* Zidane », si forte qu'elle a parfaitement joué son rôle : Zidane ne sera pas sanctionné (comme l'aurait ou l'ont été beaucoup d'autres!) ; il reste dans l'opinion et aux yeux de tous, sinon un demi-dieu, au moins un grand champion.

▶ *voir aussi* RÉPUTATION

Table des entrées

A

B

C

D

E

F

G

N

O

P

Q

R

S

T

Imprimé en France par EMD S.A.S.
53110 Lassay-lès-Châteaux
Dépôt légal : mai 2007 – N° d'imprimeur : 17362